失敗しない定年延長

「残念なシニア」をつくらないために

石黒太郎

光文社新書

失敗しない定年延長

「残念なシニア」をつくらないために

目次

まえがき

安易な定年延長が会社を潰す

本書では3種類の読者層を想定しています。第一の読者層は、新卒採用を毎年続けているような一定以上の規模の日本企業において、人事関連の職務に携わっている方々です。「定年延長」について、その検討に必要な様々な視座・視点を紹介し、日々の職務遂行に役立ててもらいたいと考えています。

第二の読者層は、そういった企業において人材マネジメントのあり方を真摯に憂えている経営者の方々です。定年延長をきっかけに、今後、日本型雇用システムは大きな曲がり角に差し掛かります。人事部門を味方として自社の人材マネジメントをどう方向付けていくべきか、そのヒントを本書で提示していきます。

最後は、ご自身がシニア就労者、または40～50歳代のシニア予備軍の方々です。本書は人事部や経営者の方々に向けての提言の形を取っていますが、社会人の皆様ご自身が「残念なシニア」にならないための参考書としても、使っていただけると思います。

ここで、唐突ではありますが、クイズを3問出します。いずれも定年延長検討の前提として知っておくべき、労働市場のマクロ的動向に関する4択クイズです。

まずは先入観なしに、妥当と思われる選択肢を直感で選んでみてください。

問１

日本の総人口は、２００８年の１億２８０８万人をピークに減少が続いています。では、生産年齢人口（15〜64歳の人口）は西暦何年をピークに減少し始めたでしょうか？

あ：１９９５年
い：２０００年
う：２００５年
え：２０１０年

問２

平成元年（１９８９年）の日本における大学進学率は約25％でした。では、平成30年（２０１８年）の大学進学率は約何％でしょうか？

あ：20％
い：30％
う：40％
え：50％

問3　人類の労働の歴史は、技術革新による職務代替の歴史と言っても過言ではありません。では、多くのホワイトカラーの職務を代替すると言われる「汎用型AI」の実現はいつ頃になると予測されているでしょうか？

あ：2025年
い：2030年
う：2035年
え：2040年

いかがでしたか？　少し簡単過ぎたでしょうか。答えは、以下の通りです。

問1解答　あ：1995年

生産年齢人口は、総人口のピークよりも10年以上前から減少の一途であり、2つの人口指標の間には大きな時差があります。

問2解答　え：50％

今の18歳は2人に1人が大学に進学します。その結果、若者の数は大きく減少しているにも関わらず、大学生の数は以前よりも増えています。

問３解答　い：２０３０年

汎用型ＡＩは２０３０年に実現すると言われています。ホワイトカラーの業務の多くが汎用型ＡＩに代替されてしまうとしたら、これまでのような新卒一括採用を続けていて大丈夫なのでしょうか？

本書では第１章でシニア（本書ではシニアを「60歳以上の就労者」と定義付けます）の雇用の現状を振り返り、第２章で日本の労働市場のマクロ的動向について人事の実務者の視点から紹介します。このクイズを間違えた方は、第１章と第２章を注意深く読んでみてください。

では、マクロに引き続き、ミクロに関するクイズも３問出しましょう。ミクロ、すなわち、シニア一人ひとりの心やカラダがどのように変化するかも、定年延長検討の前提知識となるからです。最初の３問よりも難しいので、３択にしました。

問４―日本人男性の全身持久力のピークは14歳です。ピークを１００％とすると、60歳代

前半では何%まで落ち込むでしょうか?

あ:50%

い:40%

う:30%

問5

同一人物の70歳時点と25歳時点の知能水準は、どのような関係にあるでしょうか?

あ:70歳時点の知能水準は、25歳時点よりも高い

い:70歳時点の知能水準は、25歳時点と同等

う:70歳時点の知能水準は、25歳時点よりも低い

問6

人間のストレス耐性は、年齢に応じて変化します。ストレス耐性が最も低い年代は次の内のいずれでしょうか?

あ:20歳代

い:40歳代

う:60歳代

いかがでしょう？　最初の３問に比べ、確信をもって答えられた方は少ないのではないでしょうか。解答は以下の通りです。

問4解答う：30％

残念ながら、60歳代になると、男性の全身持久力はピーク時の30％、女性は25％まで落ち込みます。持久力が求められるような職務は、シニアには向いていないと言えるでしょう。

問5解答あ：70歳時点の知能水準は、25歳時点よりも高い

「年を取ると、知能が落ちる」というイメージを持っている読者が多いと思います。しかし、答えは逆。少し古いデータですが、アメリカの心理学者シャイエによる１９８０年の研究では、70歳時点の知能は25歳時点を上回っているという結果が出ています。

問6解答う：60歳代

若者の方が打たれ弱いイメージがあるかもしれません。しかし、人間の心身は年齢を重ねるにつれてストレス耐性が低くなる傾向にあります。

シニアの方々にいきいきと活躍してもらうためには、加齢に伴う心身の変化を正しく理解し、就労への影響を考慮する必要があります。本書では第3章で「雇用ジェロントロジー」と題し、シニアの心身の変化についてジェロントロジー（日本語では「老年学」）の観点から様々な統計データや研究結果を引用し、紹介していきます。

私が本書の執筆を志したのは、多くの日本企業が旧態依然とした時代遅れの人事施策・制度を継続する姿を看過できず、経営を取り巻く環境変化に順応した人材マネジメントへのアップデートに少しでも貢献したいという想いからです。

日本には昭和以前に創業した企業が１００万社以上あると言われています。これらの企業の多くに共通する特徴として、社員の年齢構成に大きな歪み（ある年代の社員は相対的に多数在籍しているのに対し、別の年代の社員は少ない状況）が生じていることがあげられます。この歪みは、平成時代の30年間に何度もあった好況・不況の波に対応するため、日本企業各社が毎年の新卒採用数を増減させた結果であり、キャリア採用枠の少々の拡充などでは是正できないような組織構造にしてしまったのです。

そういった状況の中、日本社会の大きな変容を背景に、本書のテーマである「定年延長」

が企業経営の趨勢《すうせい》を決めかねない重要な課題の一つになることは間違いありません。その理由として以下の４つがあげられます。

１　人材不足の解消にはシニアの活用が不可欠

日本全体の少子化進展により、生産年齢人口は急激に減少していきます。労働力不足を人手の確保によって解消する手段としては、女性活躍の促進、外国人材の受け入れなどが当然考えられますが、日本企業の強みである高度な技術・技能の活用・伝承を併せて考えると、経験豊かなシニアの活用が有力な手段になります。

２　モチベーションを失ったシニアが急増

２０１３年施行の改正高齢者雇用安定法による65歳までの雇用義務化に対応するため、日本企業各社は定年後再雇用の仕組みを急ぎ導入しました。戦後の経済成長を背景に続いてきた旧来の日本型雇用システムでは、社員の報酬水準が50歳代でピークを迎える傾向にあります。この水準を是正するため、多くの企業が再雇用者の報酬を定年直前の額から一方的に大きく縮減する運用を行っているのが実態です。

その結果、多くのシニアがやる気を失ってしまい、日本企業の現場では扱いづらい「残念なシニア」が急増しています（残念なシニアについて、詳しくは第1章で紹介します）。今のシニアの多くは、本来期待される高度な技術・技能の伝承どころか、周囲の同僚に悪影響を与える存在になってしまっている状況も見受けられます。

3　人生100年時代を見据えた更なる高齢者雇用が国策化の見込み

年金財政の安定化を図りたい日本政府は、近い将来、企業における定年延長の義務化に踏み切る可能性も考えられます。現在、前述1の人材不足が喫緊の経営課題にはなっていない企業でも、近いうちに定年延長への対応を余儀なくされ、年齢に関わりなく働き続けられる雇用・就業環境の整備を迫られることになるでしょう。前述2の通り、シニアのモチベーションが低下していても、国策としてシニアの雇用を拡充しなければならない、という経営者にとっては頭の痛い状況が想定されます。

ここまでの3つの理由だけでも、定年延長を重要な経営課題として位置付けるに十分ですが、4つ目の理由がさらに企業に追い打ちをかけます。

4　バブル入社組の60歳到達が目前

１９９０年前後に新卒入社した大量採用世代、いわゆるバブル世代が50歳代となり、残り数年で彼／彼女らは60歳を迎えます。創業が昭和以前の日本企業の多くでは、この大量採用世代が社員構成全体の20％前後ないしはそれ以上を占めており、最多社員層になっています。この世代が「残念なシニア」として会社に居座ってしまうと、日本企業の組織風土・労働生産性ひいては事業品質が著しく劣化し、競争力が大きく毀損してしまう可能性があります。

これら４つの理由を勘案すると、定年延長を単なる定年退職年齢の見直しと捉え、小手先の人事制度見直しだけで乗り切ろうとすると、企業経営に重大な悪影響を与えかねず、最悪のケースでは経営が傾く要因にもなり得ると考えられます。そうならないためにも、日本企業の人事部門は、定年延長を重要な経営課題の一つとして明確に位置付け、経営トップを巻き込んだ検討を早急に進める必要があります。本書の第４章から第６章では、その際の参考にしていただくため、定年延長のあるべき姿と今後の日本企業の人材マネジメントの方向性を提言していきます。

自己紹介が遅れましたが、私は組織人事分野のコンサルタントです。ただし、コンサルティングの世界に身を投じたのは40歳代半ばになってからであり、コンサルタントとしてはデビューが非常に遅い部類です。

これまでの社会人人生の多くを大手メーカーの人事部門で過ごし、国内外の様々な人材マネジメントの現場でキャリアを積みました。また、事業部門にも数年間在籍し、年間売上高３００億円の製品群の事業企画を課長として統括した経験もあります。私のように事業会社に20年以上在籍し、人事キャリアでの海外駐在と管理職経験、そしてビジネスの現場を取り仕切った実績を有するコンサルタントは、広い業界のなかでも稀少と言えると思います。

そういった私の経歴をベースに、本書では日本企業のあるべき定年延長について、現場目線で紹介していきます。

なお、本書の内容は著者の個人的な考えに基づくものであり、私が所属する組織の見解や方針を示すものではないことを、念のため申し添えておきます。

第1章

「残念なシニア」が大量発生した理由

職場をさまよう「残念なシニア」

２０１３年に「改正高齢者雇用安定法」が施行され、60歳定年後の就労希望者全員を65歳まで雇用することが企業に義務付けられました。

多くの企業は、その手段として、定年延長や定年廃止ではなく、再雇用を選択しています。定年後再雇用者の数は年々増えており、読者の皆さんも、再雇用シニアと同じ職場で働くことが珍しくなくなったかと思います。

では、そういった再雇用シニアの方々の実際の働きぶりや、職場での評判はいかがでしょうか？

私がこれまでに見聞きしてきた再雇用シニア数百人に関する情報から推察しますと、その存在価値が認められ、周囲からリスペクトされている「尊敬されるシニア」の割合は、多くてもせいぜい2割程度であり、大部分の再雇用者の働きぶりは決して良好とは言えない状況です。60歳到達以前はいきいきと活躍していた社員であっても、再雇用シニアに立場が変わった後は、同僚から煙たがられる存在になってしまっていることも珍しくありません。

そういった、会社や周囲からの期待に十分に応えていないシニアについて、本書では「残念なシニア」と総称しています。

図表1－1　残念なシニアの類型

A.迷惑系	A−1 時間泥棒シニア
	A−2 騒音シニア
	A−3 暴走シニア
B.勘違い系	B−1 武勇伝シニア
	B−2 先輩面シニア
	B−3 毒吐きシニア
C.無力系	C−1 ルーティンシニア
	C−2 暗黙知シニア
	C−3 抜け殻シニア

出所：筆者作成

残念なシニアの分類

一言で残念なシニアと言ってもその種類は様々です。大きくは「迷惑系」「勘違い系」「無力系」の3系統に分類され、**図表1－1**の通り、それぞれの系統でいくつかのタイプに類型化することができます。

この類型に基づき、残念なシニアについてイメージを確認していきましょう。それぞれのタイプについて簡単に説明しますので、読者の会社に該当するシニアがいるかどうか、実在の人物を思い浮かべてみてください。

A　迷惑系の残念なシニア

迷惑系の特徴は、そのシニアが動けば動く

ほど周囲の同僚にとって余計な仕事が増えてしまう点にあります。

その1つ目、**A―1の時間泥棒シニア**は、細かな実務を独力で担うことができないシニアを指します。特にPCやICT機器の操作を苦手とする場合が多く、操作方法を何度教えても同僚に助けを求め、周囲の時間を奪います。また、話が長いことも多く、しかも同じ話を何度もするため、職場の同僚はうんざりしている傾向にあります。新型コロナウイルスの感染拡大防止のために多くの企業でテレワークが導入されましたが、時間泥棒シニアはテレワーク環境下において満足に仕事をすることすらままなりません。

2つ目の**A―2騒音シニア**は、シンプルに声の音量が非常に大きいシニアを意味します。加齢に伴って耳が遠くなってきた方にありがちですが、声の大きさが周囲にとって煩わしく、同僚の集中力を削いでしまいます。また、シニアはEメールやビジネスチャットツールなどでのやり取りよりも電話による会話を好む傾向にあります。相手や周囲の都合を考えず、ところかまわず電話をし、しかも大きな声で話すため、職場で騒音をまき散らす結果につながります。

迷惑系の最後、**A―3**は**暴走シニア**です。会社で失うものが何もなく、怖いものなしの状態をいいことに、やりたい放題するシニアを指します。このタイプに責任感の欠如が加わってしまうと、その尻拭いをしなければならない周囲の関係者はたまったものではありません。

以上が迷惑系の残念なシニアでした。皆さんの会社にも当てはまる人がいたのではないでしょうか。特にA―1の時間泥棒シニアはかなりの確率で存在していると想定されます。しかも本人には悪気がなかったりする（むしろPCやICT機器を操作できないことを誇りとしている）分、余計にやっかいです。

B　勘違い系の残念なシニア

勘違い系の残念なシニアの特徴は、会社・組織・同僚などからの期待を都合よく自分勝手に解釈し、結果として期待に沿わない働きぶりを示すことにあります。

B―1の武勇伝シニアは、自らの昔の経験を美化し、あたかも武勇伝のように誇らしげに語り、過去の成功体験に固執するシニアです。もちろん、今でも通用する成功体験を適切な形で共有してもらえるのであれば、後進にとっても参考になります。しかし、事業を取り巻く環境が大きく変わり、昔のやり方が陳腐化しているにもかかわらず、「私が若かった頃は……」「今の若い人たちは……」と語ってしまうのが、残念な武勇伝シニアの残念たるゆえんです。

勘違い系の2つ目、B―2の**先輩面シニア**は、自分の上司が元部下や後輩であることをいいことに、偉ぶった態度を取るシニアです。自分より年齢が若い上司を遠くから「おーい、○○君」と呼びつけるのは序の口で、「私が部長だったら、こんなことはしない」など、現職の管理職を上から目線で批判する傾向にあります。

この先輩面シニアの存在について、「今の時代、若い上司が年上の部下を管理するのは当たり前」といった話を、現場のことが分かっていない人事部員から聞くことがあります。確かに、職場の上司と部下の年齢が逆転することが珍しい事象ではなくなった日本企業も多いことでしょう。しかし、シニア雇用における年下上司・年上部下の関係は生易しいものではありません。なぜならば、単に部下が年上というだけでなく、自分の元上司が部下になってしまうことが多いからです。極端に言えば、昨日まで自分に指示を出していた部長が、今日から実務を担うプレーヤーとして自分の部下になり、自分が元上司に指示を出さないといけない、そんな厄介な状況が現実のものとなります。そういった現場の生々しい実情を正しく認識しておかないと、定年延長の検討はうまくいきません。

B―3の**毒吐きシニア**は、60歳前に比べて給与が下がったことに文句を言い、仕事の手を抜き、それを悪いこととも思わずに開き直るシニアです。「給与が下がったのだから、給与分の仕事しかしない」という主張をしながら、実際には給与分の仕事すらできていないことがほとんどです。そのうえ、この毒吐きシニアは数も多いのです。彼らよりも給与水準の低い若手同僚にとっては、その存在自体がやる気を失わせる要因になってしまいます。

こういった勘違い系の残念なシニアに共通して言えるのは、口は出すが手は出さないという点です。プロジェクト会議などで、懸念・留意事項や取り組まなければならないこと、念のための確認項目を口頭で並べ立て、並べ立てるだけで自分は行動しないという傾向にあります。総じて、勘違い系の残念なシニアのスタンスは批評家的なため、職場の同僚にとって、一緒に働いていて気持ちの良い存在ではありません。

C　無力系の残念なシニア

残念なシニアの3つ目の系統である無力系には、そもそも職務遂行に必要な知識や能力が足りない、または知識や能力があっても引き出せないという特徴があります。

まず、**C―1のルーティンシニア**は、就労年数は長いものの、誰でも担える簡単な業務しか経験しておらず、キャリアの核となるような職業的専門性を有していないタイプです。サポート的な事務職の社員コースを歩んできた人だけでなく、総合職であってもこれに当てはまる人材が日本企業では多々見受けられます。

C－2の暗黙知シニアは、本人に熟達した知識や能力があったとしても、それを言葉で表現できない、または表現しようとしないシニアです。本来、シニアには高度な技術・技能の次世代への伝承が期待されるのですが、暗黙知シニアの存在によって、その断絶が生じてしまう可能性があります。それどころか、言葉で表さないことを誇りにし、「背中を見て学べ」と若手に言い放つことすらある始末です。

最後は**C－3の抜け殻シニア**です。年齢を理由にチャレンジすることから逃げ、覇気がなく、与えられた職務だけをこなそうとします。A－1からC－2までのシニアは、うまく付き合うことでやる気や能力を引き出すことも可能ですが、C－3の抜け殻シニアはそれすら難しい状態になってしまっています。自分が担うべき職務の幅をなるべく狭くしようとするので、周囲の同僚がその矮小化分をカバーしなければなりません。

無力系の残念なシニアがいる職場においては、周囲がその存在を必要悪として受け入れてしまい、シニアが十分な役割を担っていないことに職場全体が見て見ぬふりをしてしまいがちです。そのため、このタイプのシニアは就業時間を目立たぬご隠居のように悠々自適に過ごし、時間を潰すためにネットサーフィンにいそしんだり、社内のあちこちを散歩して回ったりしています。

ここまで3系統／9タイプの残念なシニアを簡単に紹介しました。皆さんの企業にもこれらに当てはまるシニアがいるのではないでしょうか。このような残念なシニアが数多く生み出されている理由は様々ありますが、主たる理由はシニア本人ではなく会社側にあることを認識する必要があります。つまり、日本企業のシニアに対する処遇の実態が、残念なシニア創出の温床になっているのです。そのあたりを続いて確認していきましょう。

シニアの処遇は「頑張っても頑張らなくても」変わらない

図表1―2は、２０１８年現在のシニア雇用に関する厚生労働省の調査結果です。日本企業の約8割が継続雇用制度、つまり定年後再雇用でシニアを処遇しており、定年の引上げ（＝定年延長）や定年制の廃止の合計は2割程度に止《とど》まっています。日本企業におけるシニア雇用は定年後再雇用が主流であり、従業員数３０１人以上に限定すると約9割に上ります。

また、多くの企業では、本人が担う職務が変わっていなくとも、年収水準が60歳前の7割以下となり、大企業では6割以下になるのが通常です。年収水準が4割以下になってしまう

図表1−2　高年齢者の雇用状況

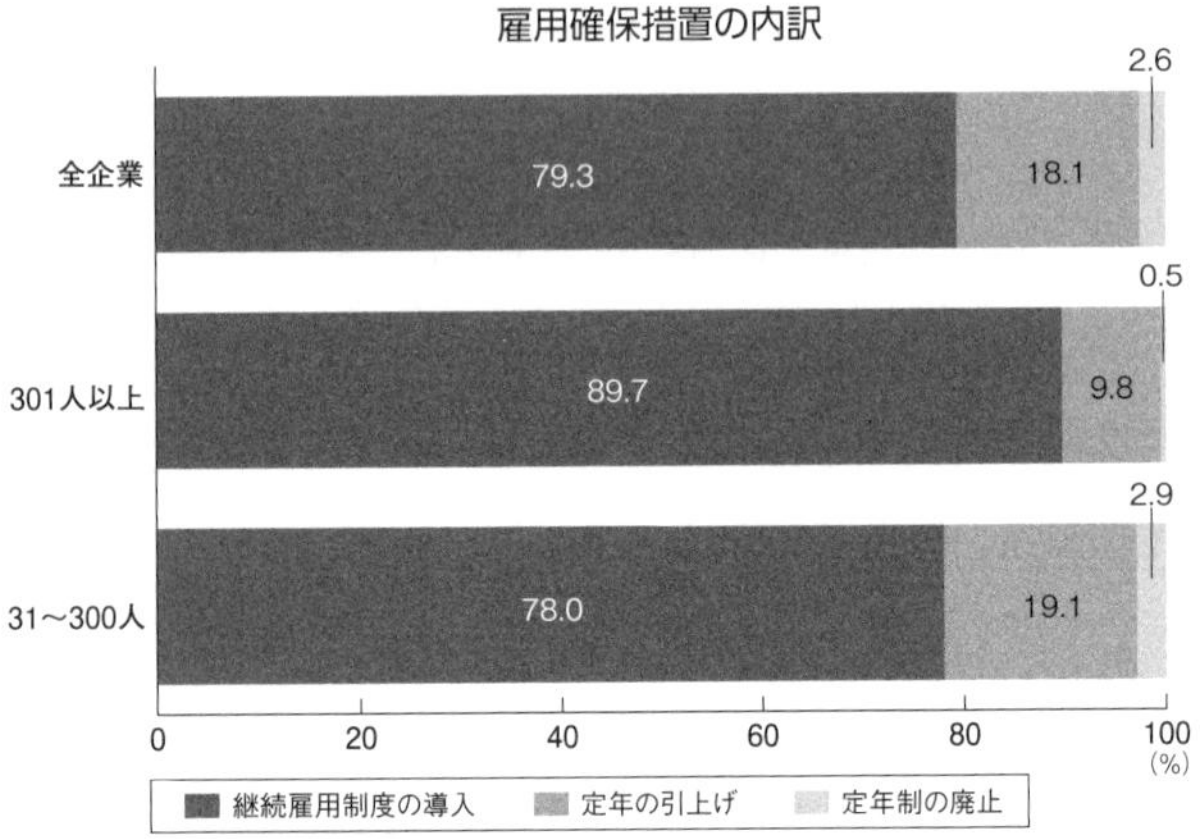

出所：平成30年「高年齢者の雇用状況」集計結果（厚生労働省）

企業も珍しくありません。これまでと同じ仕事を続けているのに、60歳になったとたんに給与が半分になってしまうのであれば、定年後再雇用者がやる気をなくしてしまうのは当然の結果と言えるでしょう。

また、定年後再雇用者を60歳までの社員と同様に等級格付けして処遇している企業は2割未満というデータがあり、人事評価も約半分の企業で実施されていないようです。それらの帰結として毎年の昇給が全くない企業が7割以上あり、定年後再雇用者の多くは、頑張っても頑張らなくても処遇が変わらない状況にあるのです。

これらの状況から言えるのは、多くの日本企業はシニアに対して特段の頑張りや成果を期待していない、ということです。それを人事制度によって社員にハッキリと示してしまっているのです。言葉はきついですが、多くの日本企業における定年後再雇用の仕組みは、単なる社会福祉政策の一環に過ぎません。これでは、いくらシニア本人に知識・能力・経験があっても、モチベーション高く働くことは困難でしょう。日本企業は定年後再雇用によって残念なシニアを量産していると言っても過言ではありません。

時代が歪めた企業の人員構成ピラミッド

　ここまで、残念なシニアの分類・特徴と、残念なシニアを生み出す大きな理由が今の定年後再雇用の仕組みにあることを紹介してきました。

　ただし、この残念なシニアの問題は、読者の皆さんの会社ではまだ経営課題として認知すらされていない状況かもしれません。その理由の一つは、職場に占めるシニアの割合が低いことにあると想定されます。多くの会社では、全社員に占めるシニアの比率は数％といったところ。10人のメンバーで構成される職場の場合、シニアは１人いるかどうかという計算です。もしくは、シニアを特定の職場に集めている企業もあるかもしれません。

　シニアの比率が今後も低い水準で推移すれば、残念なシニアを放置してもそれほど大きな

図表1－3　年齢別人員構成の類型

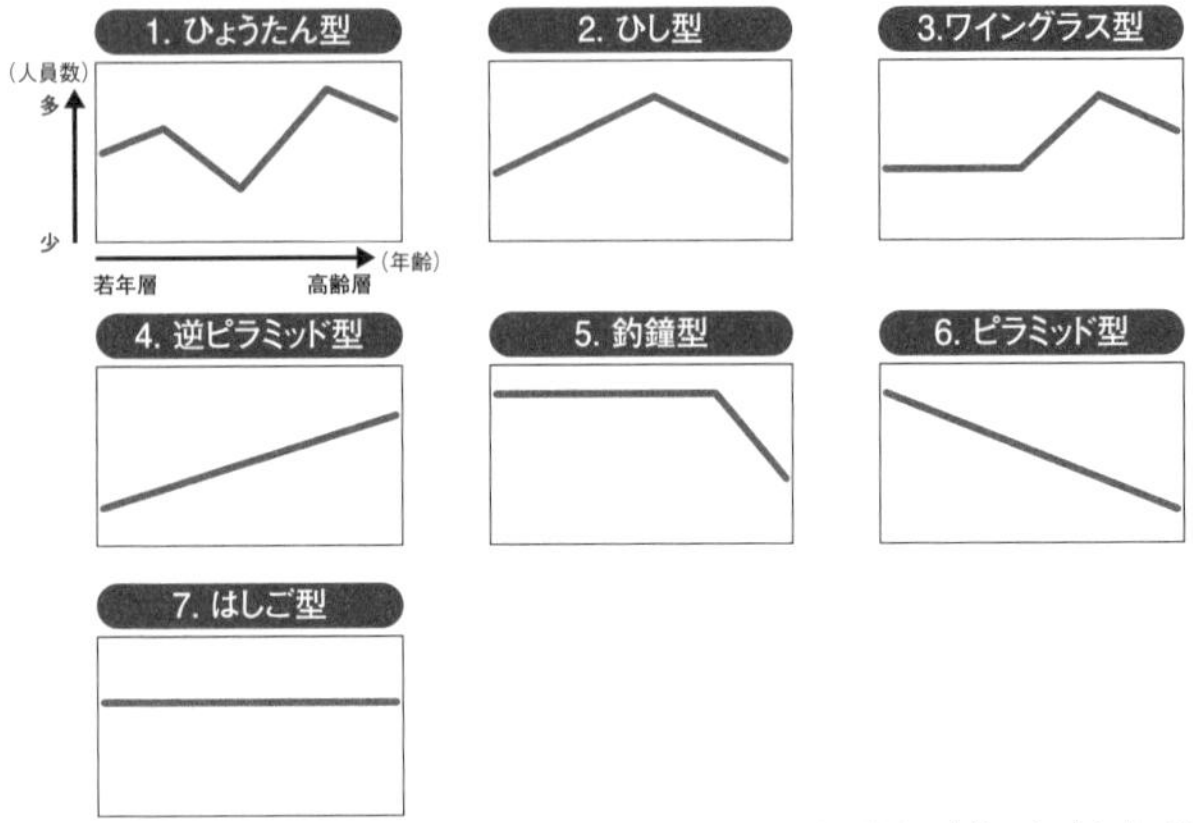

出所：三菱UFJ信託銀行と三菱UFJリサーチ&コンサルティングが共同で実施した「人事・退職給付一体サーベイ（シニア活用編）」（2019）に基づき作成

問題にはならないのですが、そうはいかないのが多くの日本企業の実態です。**図表1－3**は、三菱ＵＦＪ信託銀行株式会社と三菱ＵＦＪリサーチ＆コンサルティング株式会社が２０１９年に共同で実施した調査「人事・退職給付一体サーベイ（シニア活用編）」で、企業の年齢別人員構成のグラフを類型化したものです。縦軸が人員数、横軸が年齢です。それぞれのグラフを左に90度回転させれば、類型の名称の左側の形が現れます。例えば、２のひし形のグラフを左に90度回転させれば、ひし形の左側部分（く）が現れ、合わせ鏡のように左右反転させれば、ひし形（◇）が完成するといった具合です。

この類型に照らした場合、読者の皆さんの

図表1－4　年齢別人員構成の類型に関する設問への回答比率

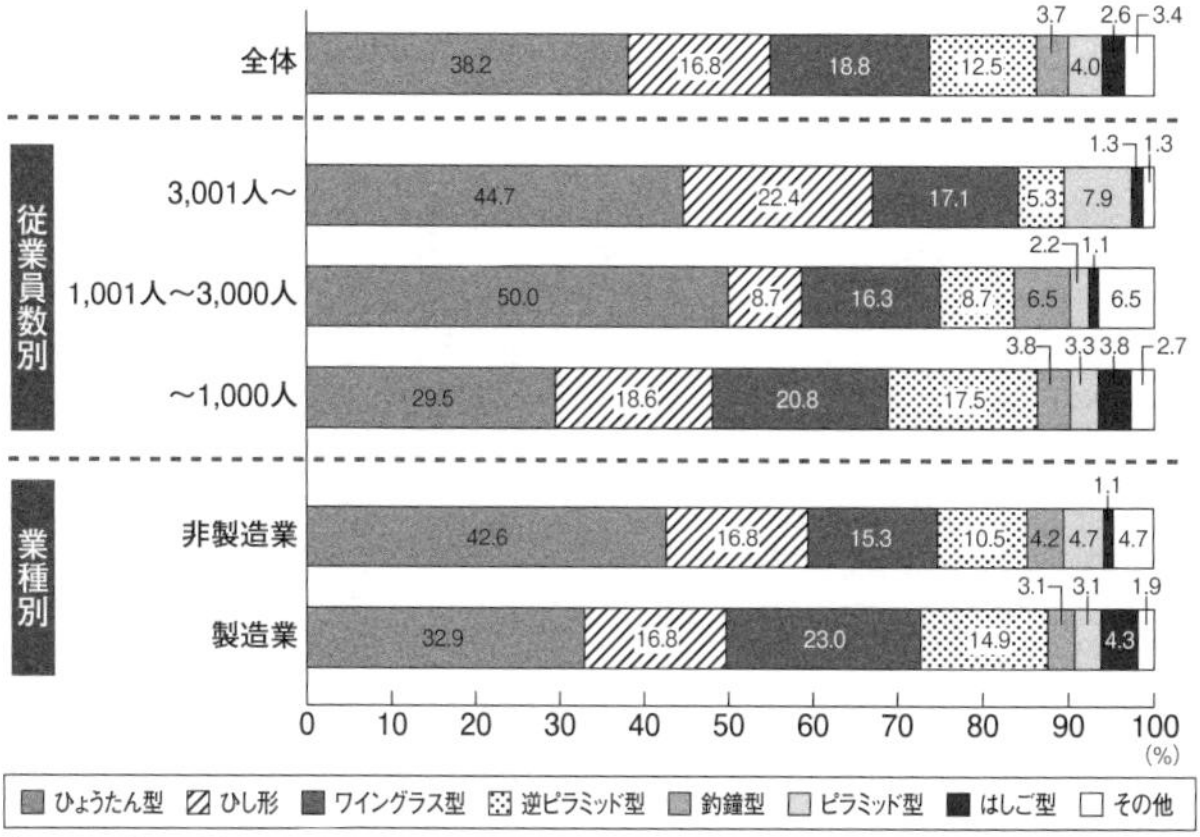

出所：三菱UFJ信託銀行と三菱UFJリサーチ＆コンサルティングが共同で実施した「人事・退職給付一体サーベイ（シニア活用編）」（2019）に基づき作成

会社の年齢別人員構成はどの形に近いでしょうか。

図表1－4は、自社が**図表1－3**のどれに当てはまるか、日本企業354社が回答した結果の集計です。7つの類型の内、高年齢層の比率が高いのは、ひょうたん型・ワイングラス型・逆ピラミッド型の3つで、これら3つの合計が69・5%を占めており、約7割の日本企業は高年齢層の比率が高い状況にあると言えます。会社の人員規模や業態による大きな違いは見られないため、これは多くの日本企業に共通する傾向と言えるでしょう。

日本企業における年齢別人員構成の高齢化の理由は明白です。平成時代の30年間、新卒採用を以下の流れで、水道の蛇口を開け閉めするようにして進めてきたことの帰結です。

①　1990年前後のバブル経済期の大量採用

②　バブル崩壊後の急激な採用圧縮（就職氷河期）

③　その後の採用拡大

④　リーマンショック後の採用圧縮（就職氷河期）

⑤　その後の採用拡大

戦後の高度経済成長期に定着した新卒採用は、本来、右肩上がりの経済成長・会社規模拡大を前提とした仕組みです。長期安定的な人材数の確保がその趣旨であり、好景気・不景気といった景況によって毎年の新卒採用数を大きく増減させるべきものではありません。また、不景気だからといって新卒採用数を半減させたとして、それが企業全体の労務費削減にどれだけの効果があるのでしょうか。そして、実際にその効果が出るのはいつになるのでしょうか。本来の趣旨に反し、平成時代の30年間、日本企業は新卒採用数を景気変動に対する調整弁のように使ってきました。

そういった①から⑤の流れの中で、新卒採用数をどの程度調整弁として使ったか、またその結果による人員数の歪みをキャリア採用でカバーする努力をしたかどうかで、各社の年齢別人員構成の形状が変わってきます。ただし、多くの会社に共通して言えるのが、①１９９０年前後のバブル経済期の大量採用の影響です。

１９９０年前後に新卒入社した大量の社員が今では50歳代に突入しています。この層が全社員数に占める割合は大きく、社員の３割以上が50歳代という企業も珍しくありません。昭和時代から続く日本企業では、社員の平均年齢が40歳代半ば、企業によっては40歳代後半にまで高齢化してしまっている傾向にあります。

「ヒラ中高年」の急増

日本企業における年齢別人員構成の特徴は、歪んだ形状の高齢化だけではありません。以前に比べ、昨今では40歳代・50歳代社員の非役職化が進んでいます。**図表１―５**をご覧ください。このグラフは、年齢層別の人員数を役職毎に分けて１９９２年と20年後の２０１２年で比較したものです。

40歳代から50歳代の棒グラフの構成を左右で比べるとどうでしょう。右の２０１２年では非役職の帯が、左の１９９２年よりもかなり長くなっていることが分かります。今や、40歳以上の約半数は、ポスト不足によって役職に就けず、ヒラ社員のままなのです。

図表1－5　年齢層別・役職別人員構成（大卒以上、従業員数1,000人以上）

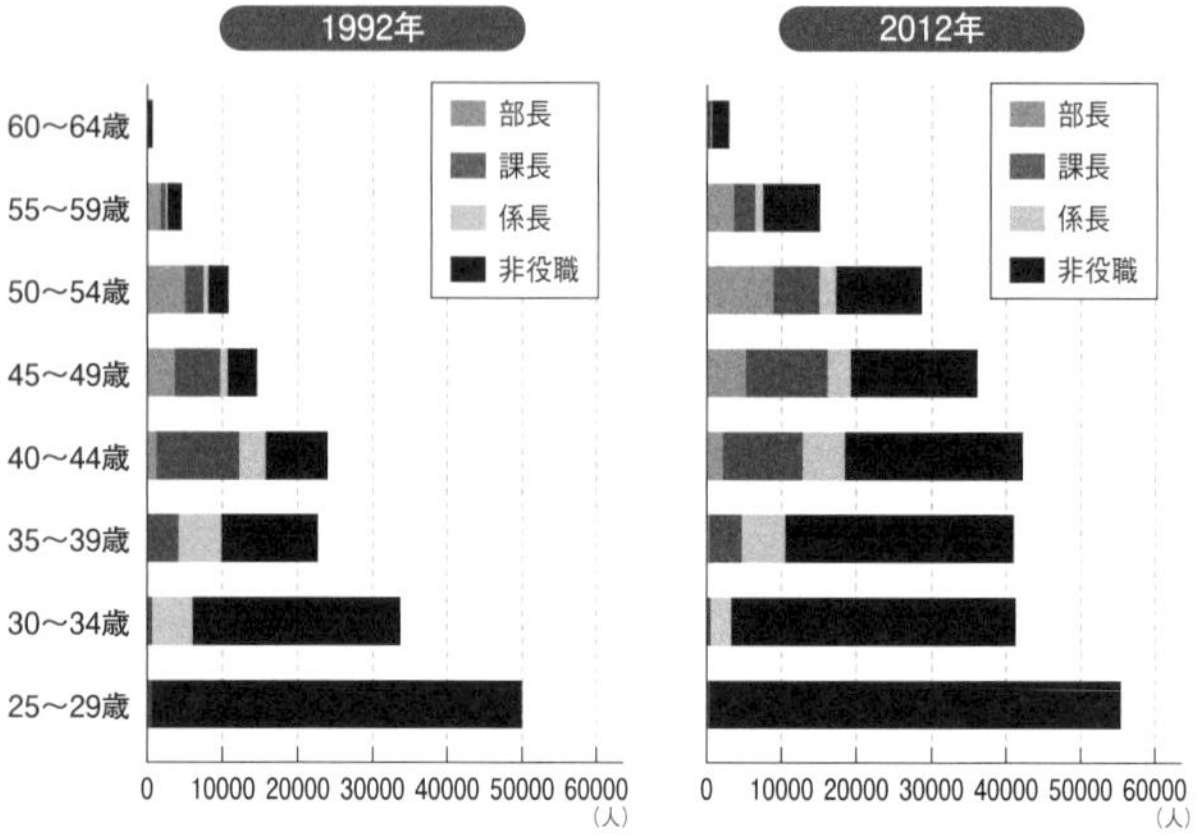

出所：リクルートワークス研究所「Works Report2014 次世代シニア問題」

このデータを人事部門の目線で読み解くと、1つの仮説が浮かび上がります。それは、シニア予備軍である中高年社員の半数程度が、長期間にわたって会社の人材育成施策の対象外になってしまっているという仮説です。なぜなら、多くの日本企業が導入している階層別研修の仕組みは、昇進・昇格して初めて受講できるものだからです。そのため、役職者に昇進していない社員は、人材育成の対象外として、定年退職まで長ければ20年以上も、企業から放置された状況にあると考えられます。

新卒採用を前提とした階層別研修は社員の底上げに資するものであり、日本企業の組織力向上にこれまで寄与してきました。しかし、階層別研修もまた、右肩上がりの経済成長・会社規模拡大を前提とした仕組みです。その前提が崩れ、社員の人員構成が以前とは大きく変容しているのであれば、今後の定年延長を前提に、階層別研修の見直し、ひいては人材育成のあり方の刷新に向けてメスを入れなければなりません。

自ら学ばない中高年が7割

仮に多くの中高年社員が会社による人材育成の対象外だったとしても、社員本人が自ら学び、自己成長してくれていれば、大きな問題ではないでしょう。そこで、**図表１―６**をご覧ください。この折れ線グラフはリクルートワークス研究所による調査結果です。過去１年間に、自己学習（仕事に関わる知識や技術の向上のために自らの意思に基づく取り組み）とＯＪＴ（On-the-Job Training の略。職場での実践を通じた教育）、Ｏｆｆ－ＪＴ（Off-the-Job Training の略。職場を離れた教育）が行われたか、年齢別に実施比率が示されています。

まず、ＯＪＴとＯｆｆ－ＪＴについて状況を確認しましょう。いずれも年齢の上昇につれて実施比率が下がっていくことが見て取れます。これは中高年社員の多くが会社による人材

図表1－6　学び行動の実施割合

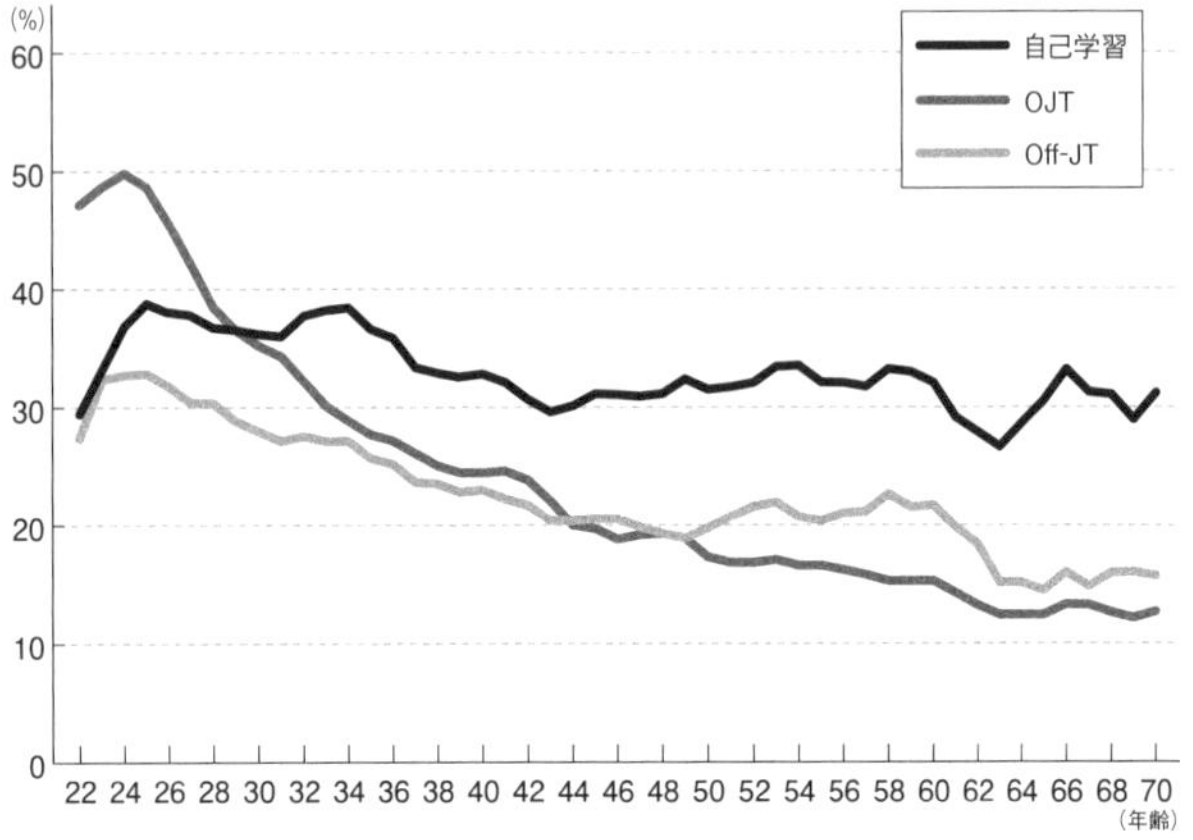

出所：リクルートワークス研究所「Works Report2018 どうすれば人は学ぶのか」

育成の対象外になっているという仮説の一つの証左と言えるでしょう。

続いて自己学習について、40歳以上になると自己学習の実施比率は3割前後で推移しています。この調査における自己学習には単なる読書も含まれていますので、日本の中高年社員の約7割は、学習のための読書すらしていないということを意味しています。

つまり、日本企業の中高年社員の多くが会社による人材育成施策の対象外になっているだけでなく、社員自身も自己学習していない、という状況が窺い知れます。

この世代に自らのキャリアに対する危機意識が全くないとは言い切れませんが、具体的な行動に移している人は少ないと考えられます。完全にやる気を失って、会社へのぶら下がりを決め込んでいる社員も少なくありません。多くの日本人中高年は自らのキャリア形成を自律的に考えておらず、会社に依存しています。その結果、自ら学ぶ、という新入社員研修で教えるような姿勢を放棄しているのです。正直に申し上げて、日本企業のこれからの将来性に憂いを感じざるを得ない状況です。

人事部門に在籍していれば、仕事柄、自己学習にいそしむ同僚が数多く存在するかもしれません。しかし、一般的な職場の実態は、人事部門とは大きく異なる可能性が高いということを強く認識しておくべきです。

第１章のまとめ：「残念なシニア」が経営上の大問題に

●日本企業の職場には、迷惑系・勘違い系・無力系の残念なシニアが少なからず存在している

●社員が残念なシニア化してしまう大きな理由は、定年後再雇用の仕組みによるモチベーションダウンにある

●多くの日本企業では、１９９０年前後に新卒採用した層の比率が高い。今後数年で

この層が一気に60歳を迎え、シニアが急激に増える

●日本企業では、中高年社員の半数以上が会社による人材育成施策の対象外として放置されているとともに、約7割の社員が自己学習すらしていない

以上により、現在のシニア雇用を継続した場合、数年後には職場に残念なシニアが急増すると考えられます。それぞれの職場における社員の2～3割を残念なシニアが占める事態もあり得ます。そうなってしまったら、企業の経営戦略の実現はおろか、日々のオペレーションですら従来のようには進まなくなるでしょう。定年延長を機会とするシニア雇用の抜本的な見直しは、すぐそこにある危機への最優先事項と言えます。

第2章

少子化時代に不可欠なシニア活用

少子化の進展と大卒価値の下落

シニア雇用が企業経営に大きな悪影響を与えかねない状況にあることを第1章で紹介しました。ただし、年齢別人員構成がそこまで高齢化していない企業にとっては、それほど重要な課題ではないと見る向きがあるかもしれません。本当にそう考えてしまっていいのか、第2章では日本における労働市場全体の見通しについて確認しておきましょう。平成時代の約30年間で生産年齢人口がどう推移し、令和時代にはどのような変化が見込まれているのか、正しい時代認識を持っておくことが、自社における今後のシニア雇用のあり方を見定める助けになります。

図表2－1は、日本の18歳人口と進路の推移を示したグラフです。グラフの横軸は西暦年であり、左端の60が１９６０年、右端の30が２０３０年を意味します（２０１８年以降は予測値）。縦軸は18歳人口を万人で示しており、棒グラフの白い帯の上端が各年の18歳人口の総数、上から２つ目のグレーの帯の上端が高校等卒業者数です。そして３つ目以降の帯は進路別の人数を表しています。

早速内容を確認していきますと、平成時代の18歳人口のピークは、平成４年の１９９２年で、この年がいわゆる第二次ベビーブーム世代のど真ん中です。１９９２年には18歳が２０

図表２－１　日本の18歳人口と進路の推移

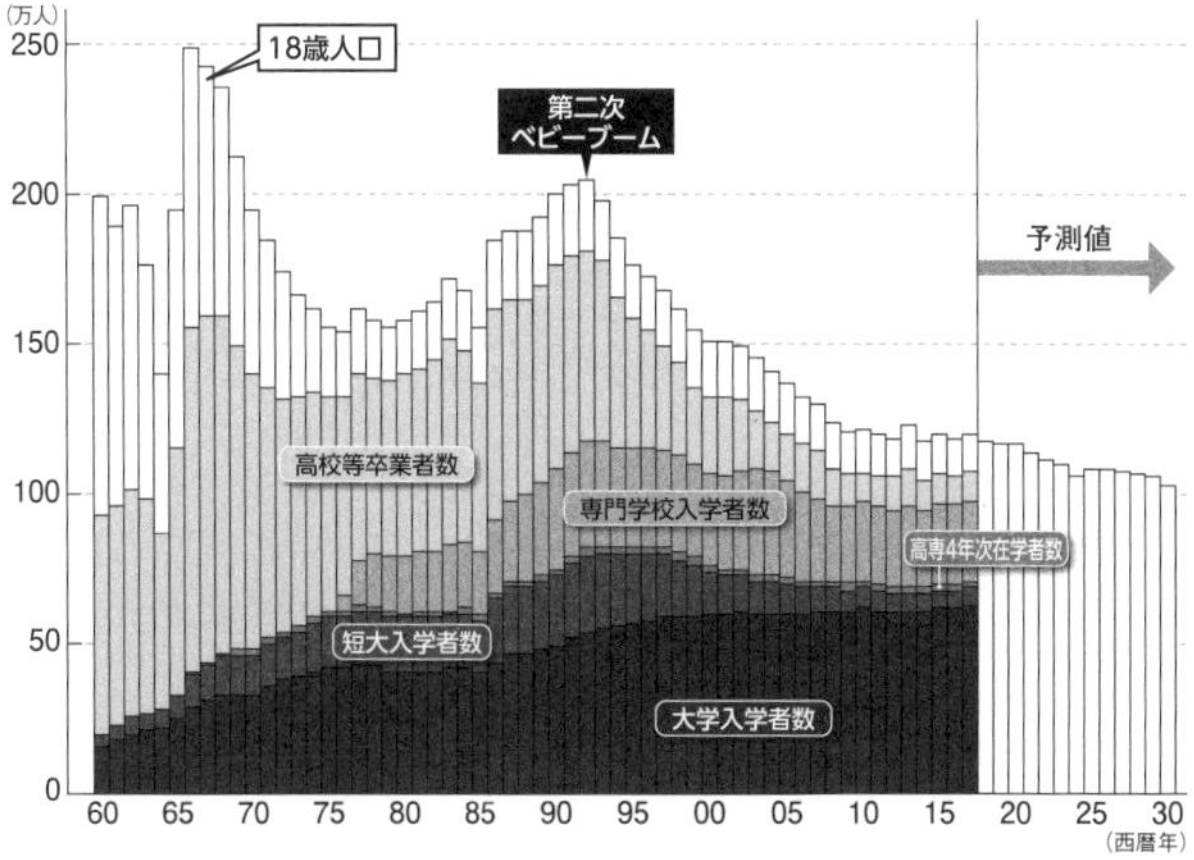

出所：文部科学省『高等教育の将来構想に関する参考資料』(2018) に基づき、筆者作成

５万人もいました。そのうち、大学入学者は54万人であり、概ね４人に１人が大学に進学していたことになります。この頃の大学は、現在と比べると狭き門でした。

これが平成29年の２０１７年になりますと、18歳人口が１２０万人にまで減少しています。１９９２年から四半世紀の25年間で６割以下になってしまったということです。また、18歳人口がこれだけ減少している一方で、大学入学者が63万人いることも注目に値します。実に、２人に１人以上が大学に進学していることになります。この大学入学者数の増加は、平成の30年の間に大学そのものの数が増え、高卒就職者数が著しく減少したことが大きな要因です。

少し話を脱線させてください。平成時代の高卒就職者数の減少と同じような現象が、実は過去にも生じています。それは１９６０年代後半から70年代にかけて起きた、中卒就職者数の減少です。１９６０年代までの日本企業は、中卒人材を現場作業員として、高卒人材を事務員として採用することが一般的でした。しかしながら、高度経済成長に伴う高校進学率の上昇により、企業が中卒人材を十分に確保することが困難になってしまいました。そのため、各企業は現場作業員の採用ターゲットを中卒人材から高卒人材へと移したのです。当時は「せっかく高校を卒業したのに、事務の仕事に就けなかった」とショックに思う若者が続出したそうです。

このように新卒人材の供給源は、１９７０年前後に中卒から高卒へとシフトしました。それが数十年の時を経て、高卒から大卒へと再シフトしたのです。高校を卒業して就職する人の数が激減し、大学進学率が上昇したことにより、一部の上位校を除く大学の相対的価値は、昔の高校と同じ程度になったと言ってもよいでしょう。恐らく、今後は大学卒業者を現場作業員として採用することが当たり前になる、と私は考えています。実際、期間従業員として大卒者がメーカーの生産現場で働いていることも珍しくなく、既にそういった時代が始まっていると言えるかもしれません。その場合、高卒や大卒といった学歴区分によって人事処遇のコースや昇格モデルなどを分けている企業は、人事制度を根本から見直す必要があります。

話を元に戻しましょう。**図表2―1**のグラフは18歳人口を表していますので、２０３０年代後半までの人口減少がほぼ確定しています。既に日本人としてこの世に生を享《う》けているからです。残念ながら、各年の18歳人口は１００万人を割り込むようになります。厚生労働省実施の人口動態統計によると、２０１９年の出生数は90万人を切っており、当初の想定以上に少子化が進展していると考えられます。

幻の第三次ベビーブーム

多くの読者がご存知の通り、日本の歴史の中で、定年延長の議論は今回が初めてではありません。１９８６年の「高年齢者等の雇用の安定等に関する法律」の改正により、それまでの55歳定年を60歳まで延長することが努力義務化され、続く１９９４年の改正により60歳未満の定年退職が禁止（１９９８年施行）されました。その際の定年延長に引き続き、今回が2回目ということになります。しかし、前回の定年延長と時代背景が決定的に異なるのは、少子化の進展に他なりません。

１９８０年代に定年延長が議論された際、日本の人口問題にはまだ希望がありました。それは先ほど少し触れた第二次ベビーブーム世代の存在です。この世代がまだ中高生だったため、彼／彼女らが社会人となり、安定的な収入を得て結婚し、子供を産み育ててくれれば、第三次ベビーブームが起きるという希望的観測がありました。また、それを後押しするために、男女雇用機会均等法が１９８５年に成立し、女性が働き続けられる就労環境整備の動きも遅まきながら始まりました。

しかし、日本という国家全体にとって不運だったのは、第二次ベビーブーム世代が新卒で就職する時期と、バブル崩壊が重なったことです。日本企業が一斉に新卒採用を絞り、就職氷河期が訪れました（ちなみに、就職氷河期はリクルート社による造語であり、１９９４年の新語・流行語大賞で審査員特選造語賞を受賞しています）。この就職氷河期が10年以上続き、第二次ベビーブーム世代とその後の世代の新卒就職活動を丸ごと飲み込んでしまいました。ちょうどこの頃に日本に定着した言葉が「フリーター」です。**図表２－２**をご覧いただければ分かる通り、バブル崩壊以降、日本企業における非正規雇用者の割合は上がる一方です。新卒時の就職活動で安定的な収入を得られる仕事に就けず、その後、挽回もできず、家庭を持つこと自体が生活リスクとして若者に捉えられるようになってしまいました。中高年の引きこもりや８０５０《はちまるごーまる》問題（80歳代の親が50歳代の子供の生活を支えなければならない状況）の一因にもなっています。

図表２－２　日本企業における非正規雇用者の割合

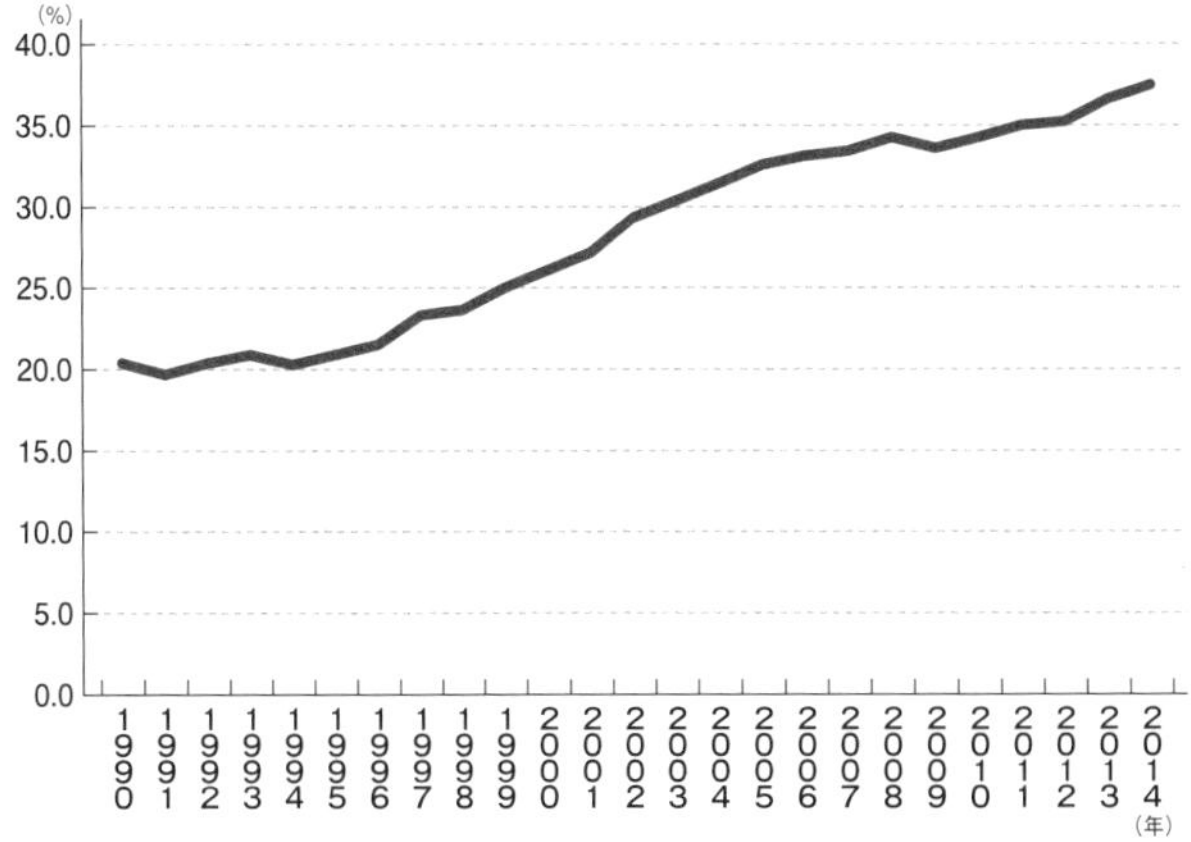

出所：総務省統計局「最近の正規・非正規雇用の特徴」(2015)

もちろん、ここで述べていることだけが日本の少子化の理由のすべてではありませんが、大きな原因の一つであることは間違いないでしょう。

私自身が第二次ベビーブーム世代の１人のため、時代への怨嗟《えんさ》の念から話が長くなりました。日本の総人口は２００８年の約１億２８００万人をピークに減少を続けています。２０１９年時点ではまだ１％程度の減少ですが、若者の数だけで見ると以前に比べて半分以下になっていきます。第二次ベビーブーム世代が既に50歳前後になっていますので、今から子供の数が増えることも期待薄です。

今後、日本企業が国内の若者を安定的に採

用することは困難になる一方であり、少なくとも数十年間は若手人材の獲得競争が続くでしょう。

減り続ける生産年齢人口

総人口の推移に続き、生産年齢人口についてもマクロ変化を把握しておきましょう。**図表２−３**は、日本の人口を３つの年齢区分に分け、１９２０年から２０９５年までの１７５年間の推移をグラフにしたものであり、２０２０年以降のデータは予測値になります。

折れ線グラフの一番上の線が、生産年齢と言われる15歳から64歳の人口の推移を示しています。前節で日本の総人口のピークが２００８年であったことに触れました。生産年齢人口のピークはそれより13年も昔の１９９５年であり、その数は８７２６万人です。これが２０２０年には７４０６万人にまで落ち込み、ピークから四半世紀で既に約１３００万人減少しました。

しかし、生産年齢人口の減少はまだ始まったばかりと言っても過言ではありません。これから次の四半世紀でさらに約１８００万人減少することが予測されています。具体的には、２０４５年に生産年齢人口が５５８４万人となり、２０２０年に対して約25％の減少、４人

図表２－３　年齢３区分別人口の推移

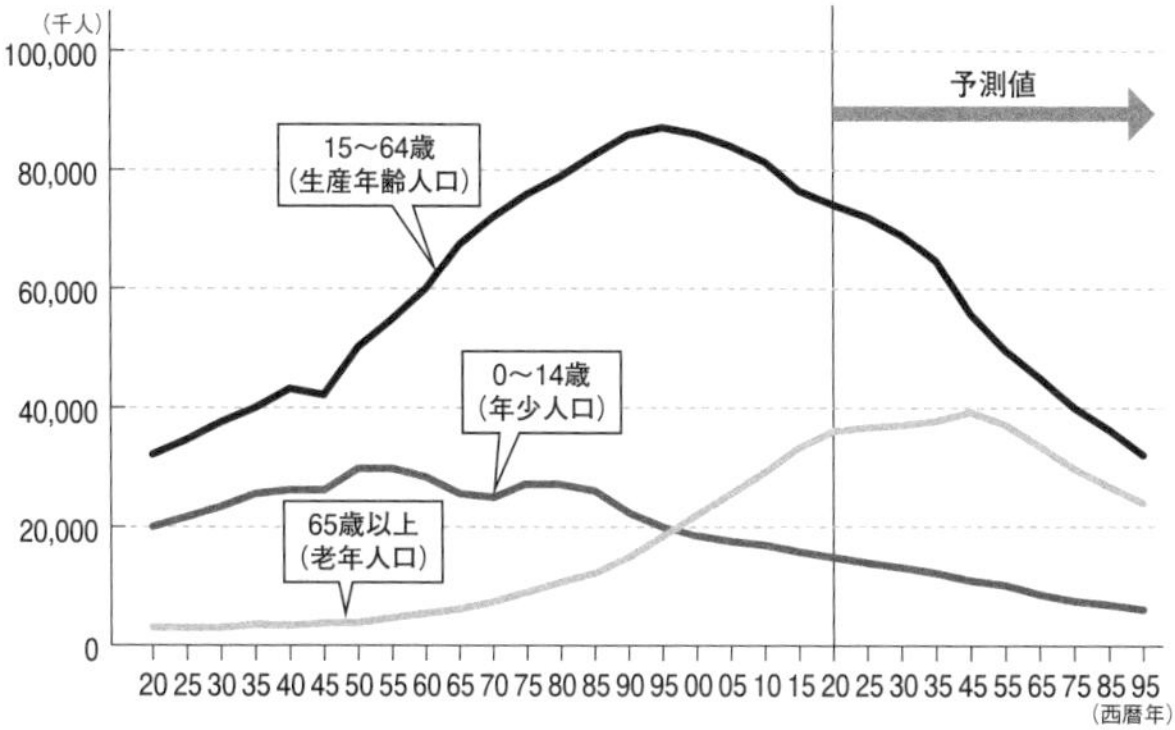

出所：国立社会保障・人口問題研究所「日本の将来推計人口（平成29年推計）」に基づき、筆者作成

図表２－４　人口ピラミッドの比較

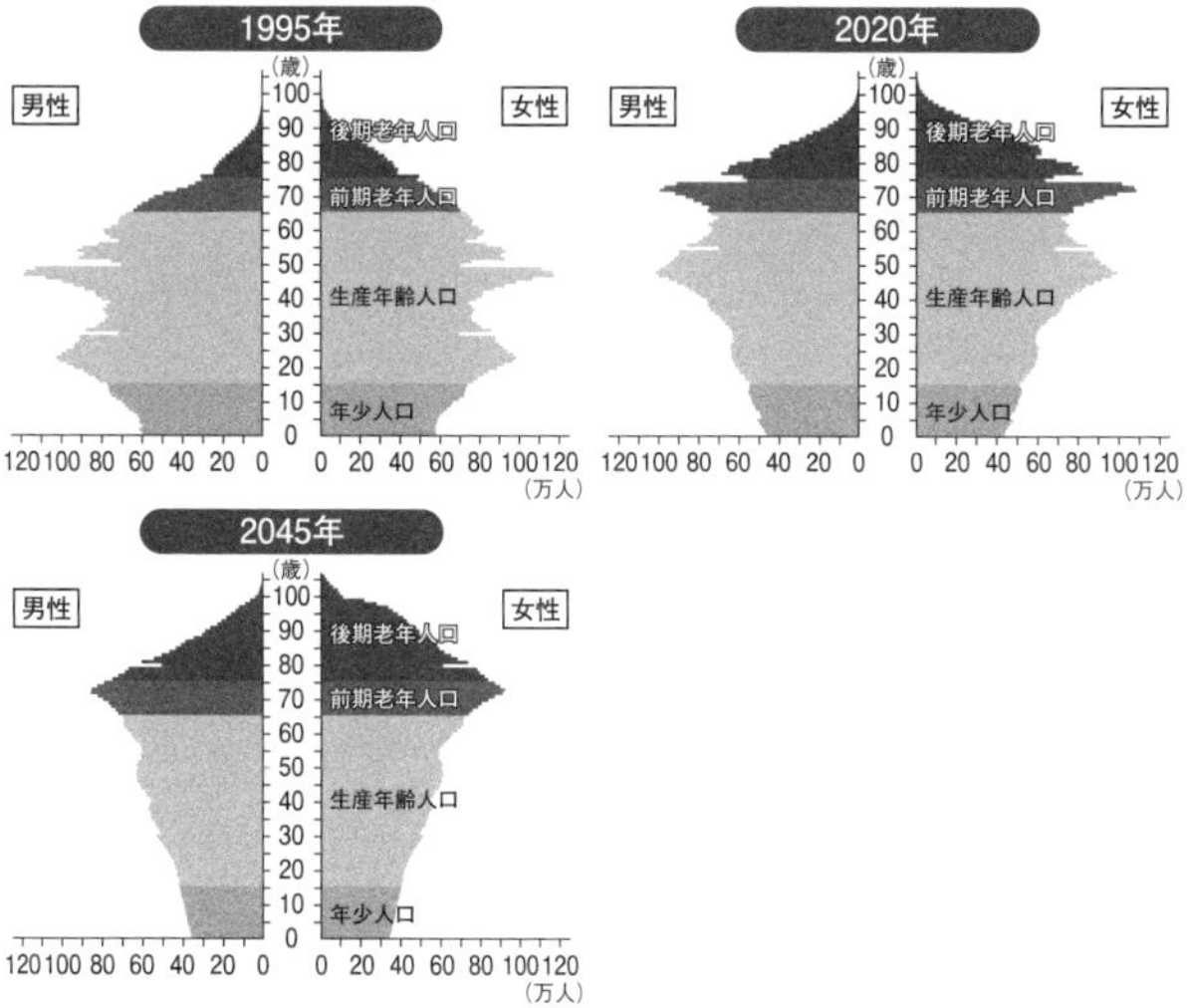

出所：国立社会保障・人口問題研究所「日本の将来推計人口（平成29年推計）」に基づき、筆者作成

に１人がいなくなる計算です。

また、**図表2―4**は１９９５年と２０２０年、そして２０４５年の日本の人口ピラミッドを比較したグラフです。１９９５年から２０４５年までの50年間で人口が大きく減少し、２０４５年の生産年齢人口部分だけを見ると美しさすらある逆ハの字の、尻すぼみになってしまっています。つまり、生産年齢人口が減るだけでなく、日本全体の高齢化も同時に進んでいくという状況が見て取れます。

激変した雇用情勢

こういった生産年齢人口の減少は、日本の雇用情勢にはっきりとした影響を及ぼしています。**図表2―5**は、平成９年（１９９７年）から平成30年（２０１８年）までの約20年間の有効求人倍率と完全失業率の推移を示したグラフです。

「求人倍率が高い」とは、求職者にとって有利な状況を意味し、連動して失業率が低くなる傾向にあります。逆に「求人倍率が低い」とは、採用する企業側にとって有利な状況であり、失業率は高くなります。

このように、有効求人倍率と完全失業率の２つは相反関係にあることを念頭に置き、**図表**

図表２－５　有効求人倍率と完全失業率の推移

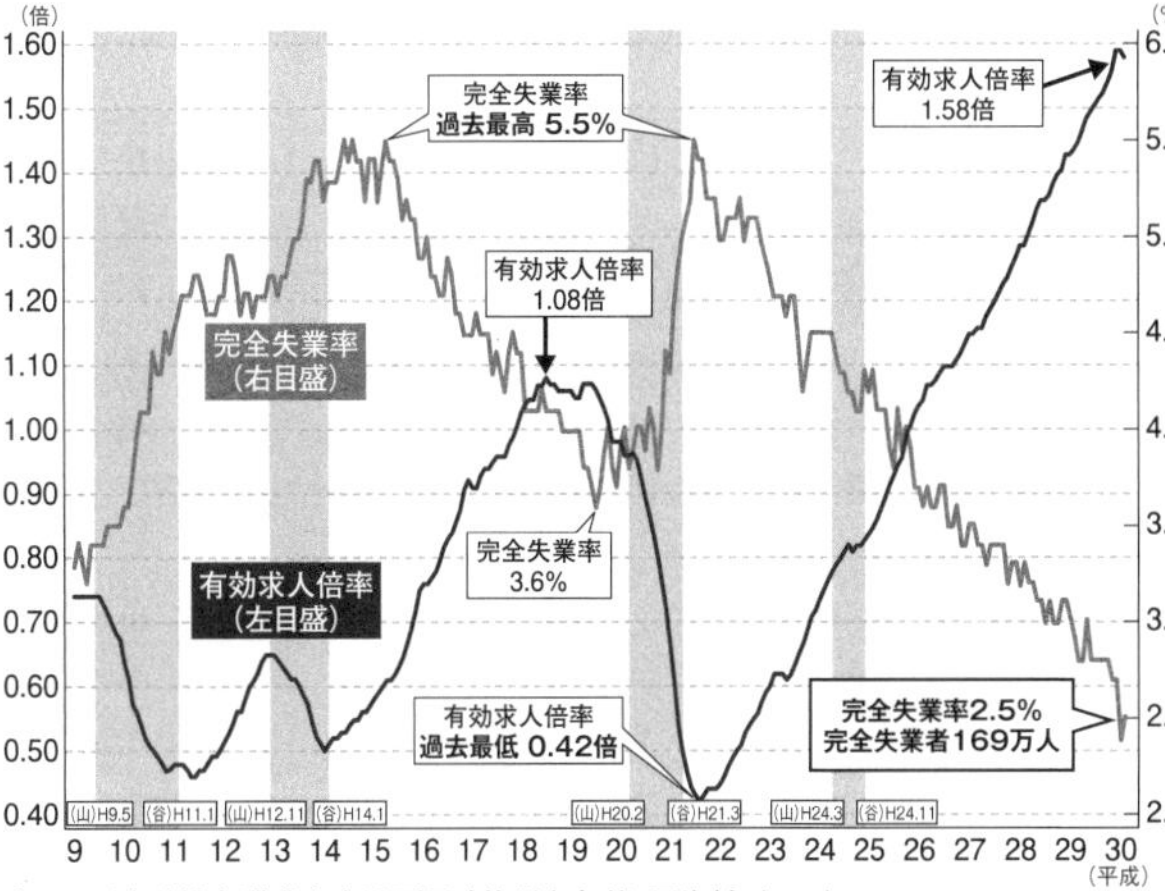

出所：厚生労働省 職業安定局 雇用政策研究会 第1回資料（2018）

２－５をご覧ください。平成14年（２００２年）頃から、平成20年（２００８年）のリーマンショックによる不況期を除いて、有効求人倍率は右肩上がり、完全失業率は右肩下がりの傾向にあることが、容易に見て取れると思います。

このことから、今後も日本の雇用情勢は求職者側に有利、採用する企業側に不利な状況が、不況期を除いて続くことが想定されます。特に若手獲得競争は、少子化進展によって激化することはあっても、鈍化することはないでしょう。

東京圏への人口一極集中

地方企業について言えば、人材確保におい

図表2－6　東京圏の年齢別転入・転出者数の推移

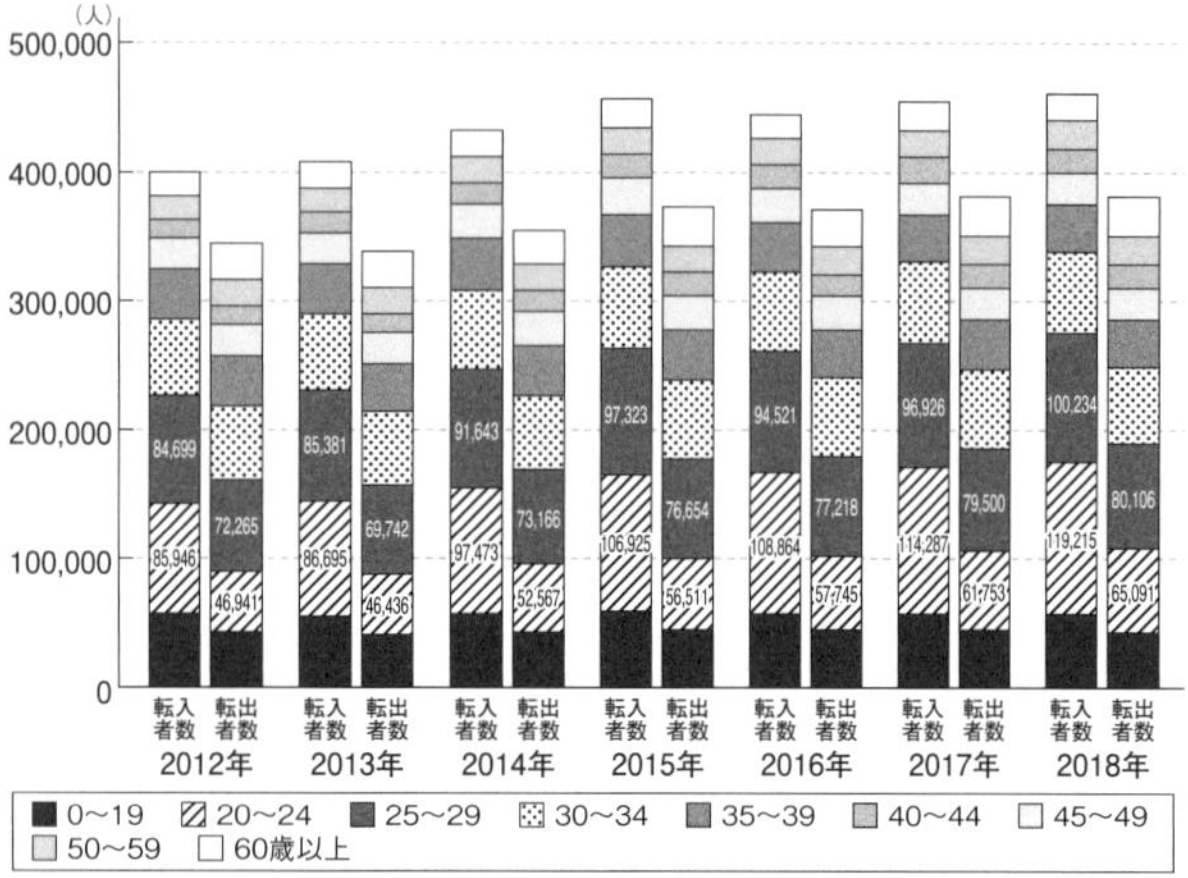

出所：総務省「住民基本台帳人口移動報告」に基づき、筆者作成

て憂慮すべきは日本全体の人口減少だけではありません。東京圏（一都三県：東京・神奈川・千葉・埼玉）への人口一極集中も大きなマイナス要因となり得ます。

図表2－6は、東京圏の転入・転出者数の推移を示したグラフです。それぞれの年の左の棒が転入した人の数、右の棒が転出した人の数を表しています。

毎年、左の棒グラフ（転入者数）が右（転出者数）より高い状況にあることは一目瞭然です。つまり、日本全国では人口減少が進んでいる一方で、東京圏では人口が増えていることを意味しています。

また、世代毎の状況をよく見てみると、全体の転入と転出の差のほとんどが20歳代の若者によるものであることが分かります。東京圏以外の日本全国から、毎年、約7万人の若者が東京圏に吸い込まれ、わずか3年で中核市１つ分の人口と同数の若者が地方から消えています。これを「東京圏のブラックホール現象」と呼び、東京圏の物価水準の高さや子育てに不便な環境を引き起こし、少子化の一因になっているとも考えられています。

従って、読者のあなたが地方企業あるいは地方に拠点を持つ企業に勤務している場合、自社の所在地近辺の人口が今後どうなっていくかにも留意しておくべきでしょう。総務省発表の『２０４０年の人口の動向について』という資料の中に、２０１５年から２０４０年にかけての市区町村別の人口変動予測が紹介されていますので、是非チェックしてみてください。以下に、人口１００万人以上の都市の状況だけ抜粋してみます。

人口増加：さいたま市・川崎市・福岡市
±0～▲10％：札幌市・横浜市・名古屋市・京都市・大阪市・広島市
▲10～20％：仙台市・神戸市

こういった大都市ですら人口減少は避けられず、地方の小都市になるとマイナス30％や40

％、あるいはそれ以上の減少率も予測されています。大変ショッキングな数字ですが、現実のものとして受け止めて長期的な人材確保の対策を講じましょう。

転職が常識になった２０１０年代

　ここで転職に関する労働市場動向についても確認しておきましょう。**図表２―７**は２０００年以降の年間転職入職者数の推移を示したグラフです。これを見る限り、特に大企業において転職入職者数の変化が大きい状況です。２０００年時点で34万人だったその数は、２０１６年には82万人にまで増えています。

　本章の冒頭、**図表２―１**で２０１７年の大学入学者数が63万人であることを紹介しました。このことから、今や、毎年の大学入学者そして大学新卒就職者数よりも、大企業への転職入職者数の方が遥かに多くなっている現状が分かります。大企業が、歪んでしまった人員ピラミッドを是正するため、ないしは人材ポートフォリオの質的・量的適正化のために、キャリア採用を拡充している状況が窺えます。

　また、若手の就労意識も、転職に対する抵抗感が薄れており、５年以内の転職を考えている新入社員の比率が３割を超えているという調査結果もあります。

図表２－７　転職入職者数（フルタイム）の推移

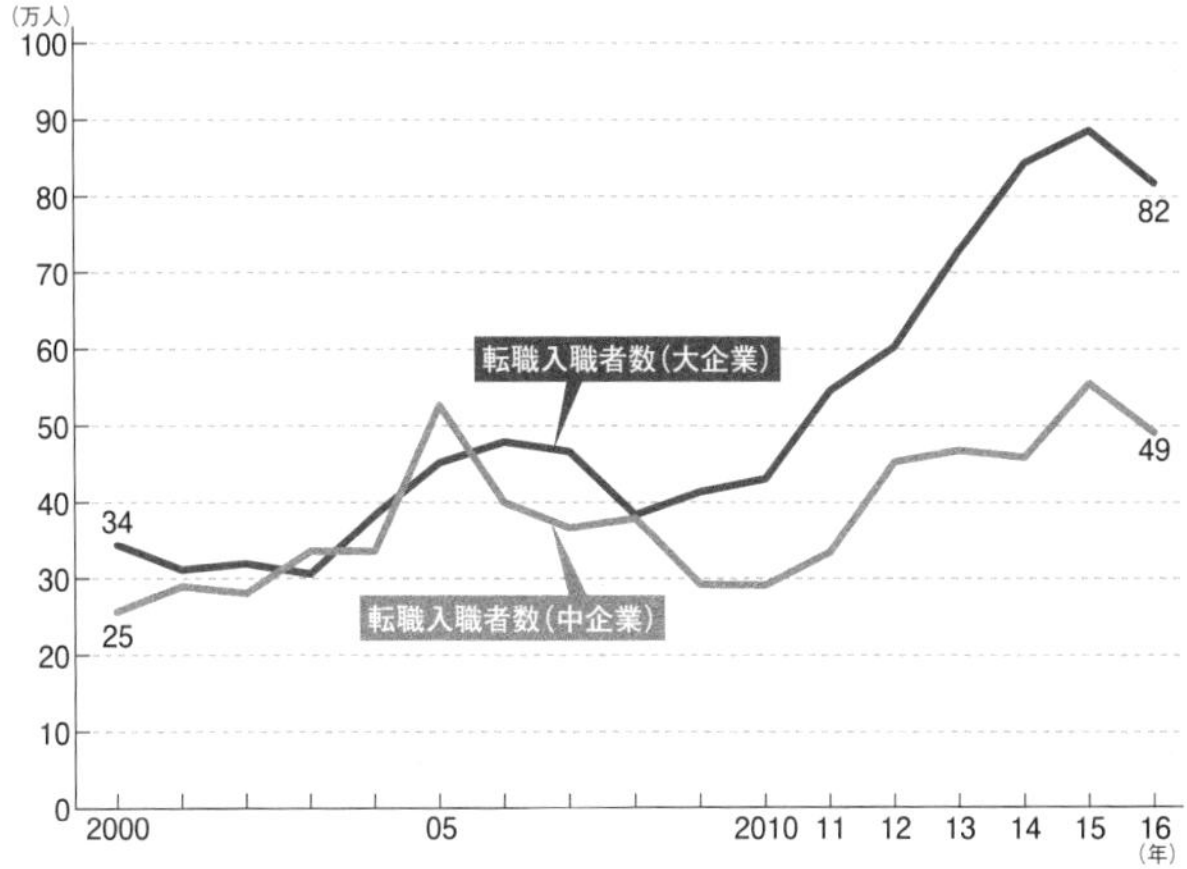

出所：厚生労働省 職業安定局 雇用政策研究会 第1回資料（2018）

　そういった状況の中、若手を獲得するために思い切った待遇を用意する企業も出てきました。「ＡＩなどの先端技術に強い」「有名学会で優れた論文発表をした」「インターンシップで著しい成果をあげた」などの学生に、年収１０００万円超の報酬や新規事業の経営幹部ポジションを用意する企業もあります。大学新卒を一律の初任給22万円といった処遇で採用しているだけでは、外資系企業相手の優秀人材獲得競争に勝てない、という焦りから来る思い切った経営判断でしょう。

　こういった特徴的な採用施策がどの日本企業にも推奨できる訳ではないものの、今後、若手人材を採用し、定着させることは、少子化の進展によって困難になる一方です。企業経営に必要十分な数の人材を安定的に確保し続けるためには、若手以外の人材確保に力を入れる必要があります。

「質」が課題の女性活躍推進

若手以外の人材確保の具体的な対象プールとして、女性・外国人・シニアなどの人材が思い浮かぶ読者も多いと思います。また、その発想はダイバーシティ経営の考え方に合致します。元々は米国における雇用差別撤廃をルーツとするダイバーシティ経営ですが、生産年齢人口の急激な減少が確実な日本においては、ダイバーシティ経営の推進こそが人材確保の最優先施策になり得ます。

そこで、それぞれの人材プールを検討していきます。まずは女性人材から見ていきましょう。結論から申し上げますと、女性活躍推進だけで生産年齢人口の減少を量的な観点からカバーすることは困難です。

図表2－8は、生産年齢人口の就業率を男女別に示したグラフです。２０１８年現在で、男性の就業率が約84％、女性が約70％あります。

実際の就業者数は、男性が３７１７万人、女性が２９４６万人であり、これらの数字から

図表２－８　生産年齢人口の男女別就業率

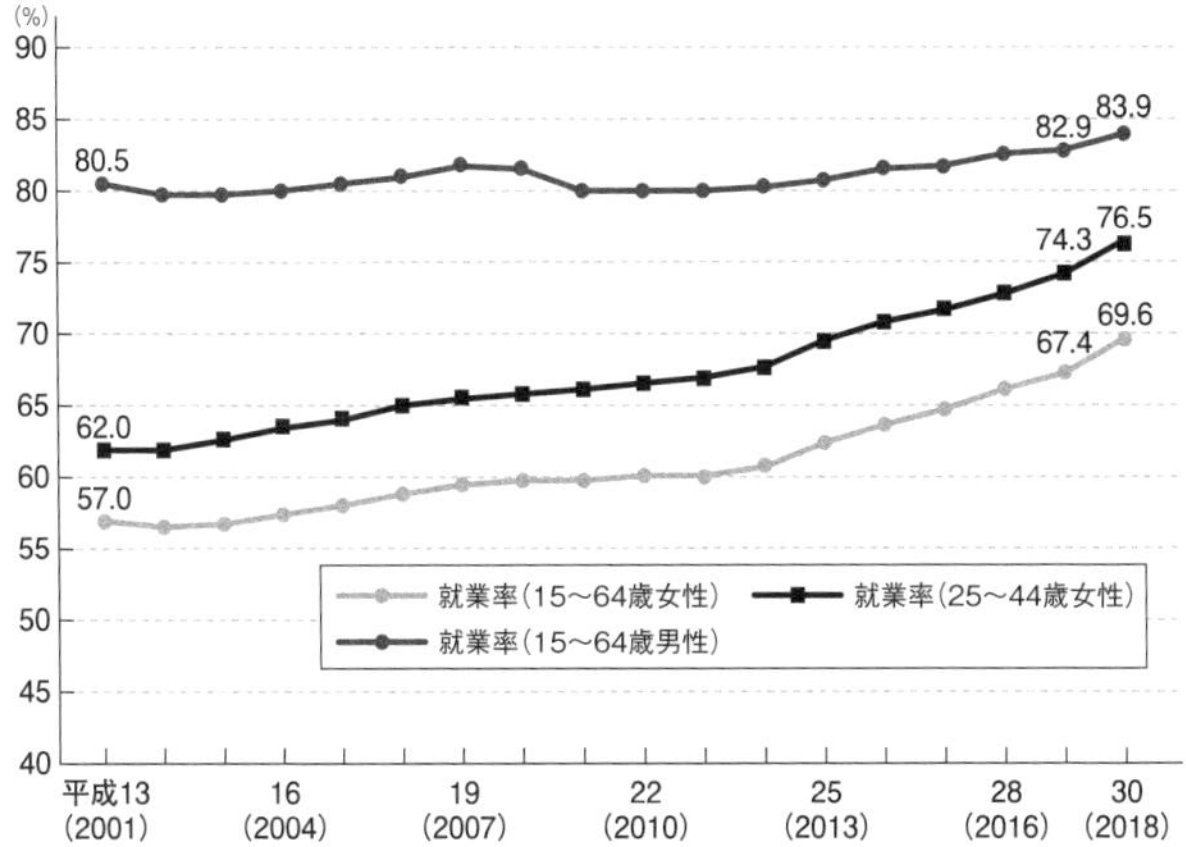

出所：男女共同参画局「男女共同参画白書 令和元年版」

女性活躍推進による労働力確保の量的ポテンシャルを計算することができます。仮に女性の就業率を男性並みの84％まで伸ばすことに成功したとしましょう。その場合、２９４６万人÷70％×84％＝３５３５万人となり、女性就業者数が約６００万人増えることになります。ただし、生産年齢人口そのものも今後減少していきます。２０４５年までの生産年齢人口の減少率を25％として加味すると、３５３５万人×75％＝２６５１万人となり、現状に対してマイナス２９５万人になってしまいます。つまり、女性の就業率を男性並みの84％まで伸ばしてもなお、将来の労働者数の減少を止めることはできないということです。

また、女性の就業率84％の実現性に関しては、**図表2―9**をご覧ください。これはＯＥＣＤ諸国における生産年齢女性の就業率を比較したグラフです。非正規雇用を含んだ数字ではありますが、日本における女性の就業率はフランス、スペイン、イタリアなどのラテン系ヨーロッパ諸国や米国を上回っています。また、トップのアイスランドですら、女性就業率は83・3％です。日本の女性就業率を男性並みの84％に伸ばすことがいかに難しいかが分かります。

女性活躍推進のあり方について少し補足しておきますと、重視すべきは女性社員の数ではなく、女性社員に担ってもらう仕事の質です。**図表2―10**は各国の就業者と管理職の女性比率を示したものです。管理的職業従事者の女性比率を見ますと、日本の数字は明らかに諸外国に見劣りします。また、総務省による令和元年労働力調査年報によれば、日本における働く女性の非正規雇用比率は全体の半分強の約56％であり、その8割近くがパートタイム雇用です。女性活躍推進については、「いかに女性に職務価値の高い仕事を担ってもらうか」という質的側面に、特に力を入れる必要があります。

優秀外国人に日本は不人気

女性活躍に続いて、外国人雇用が日本企業にとって十分な人材確保策として機能し得るか、

図表2－9　OECD諸国の女性（15～65歳）の就業率

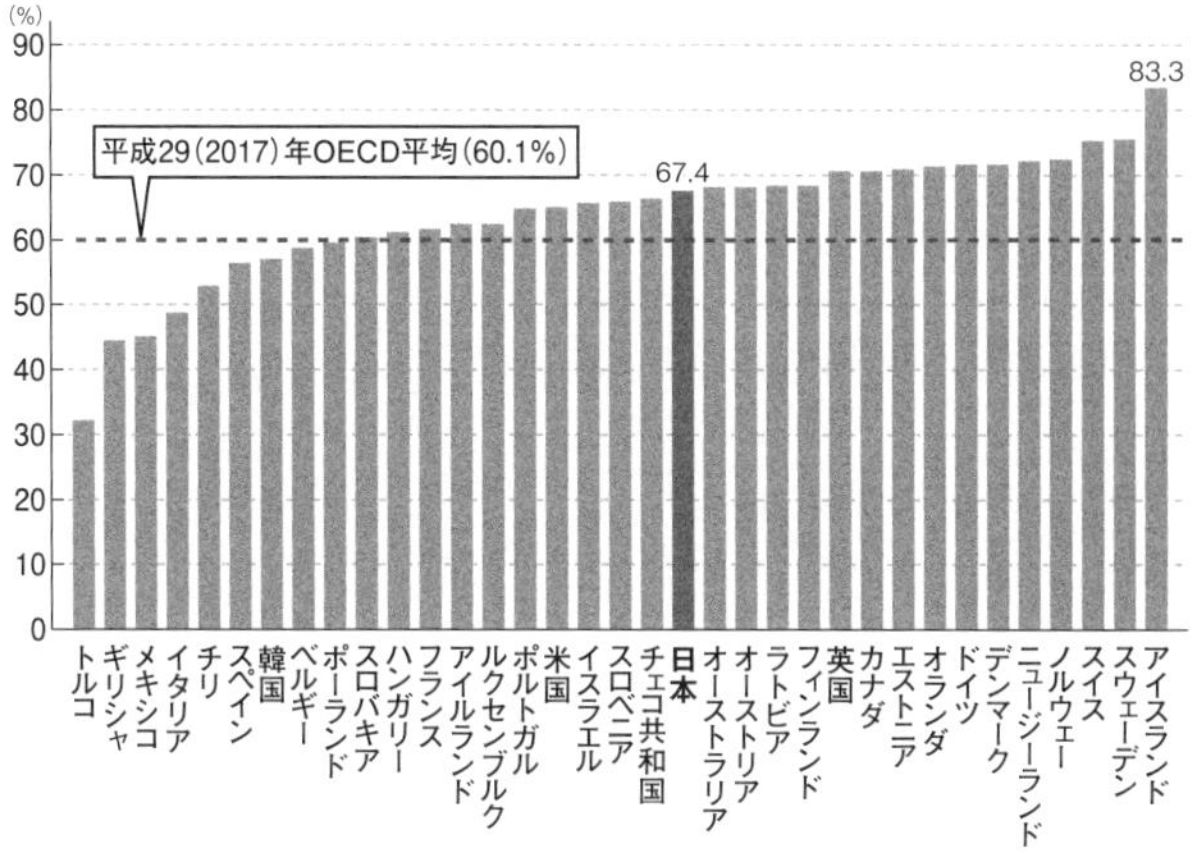

出所：男女共同参画局「男女共同参画白書 令和元年版」

図表2－10　就業者および管理的職業従事者に占める女性の割合

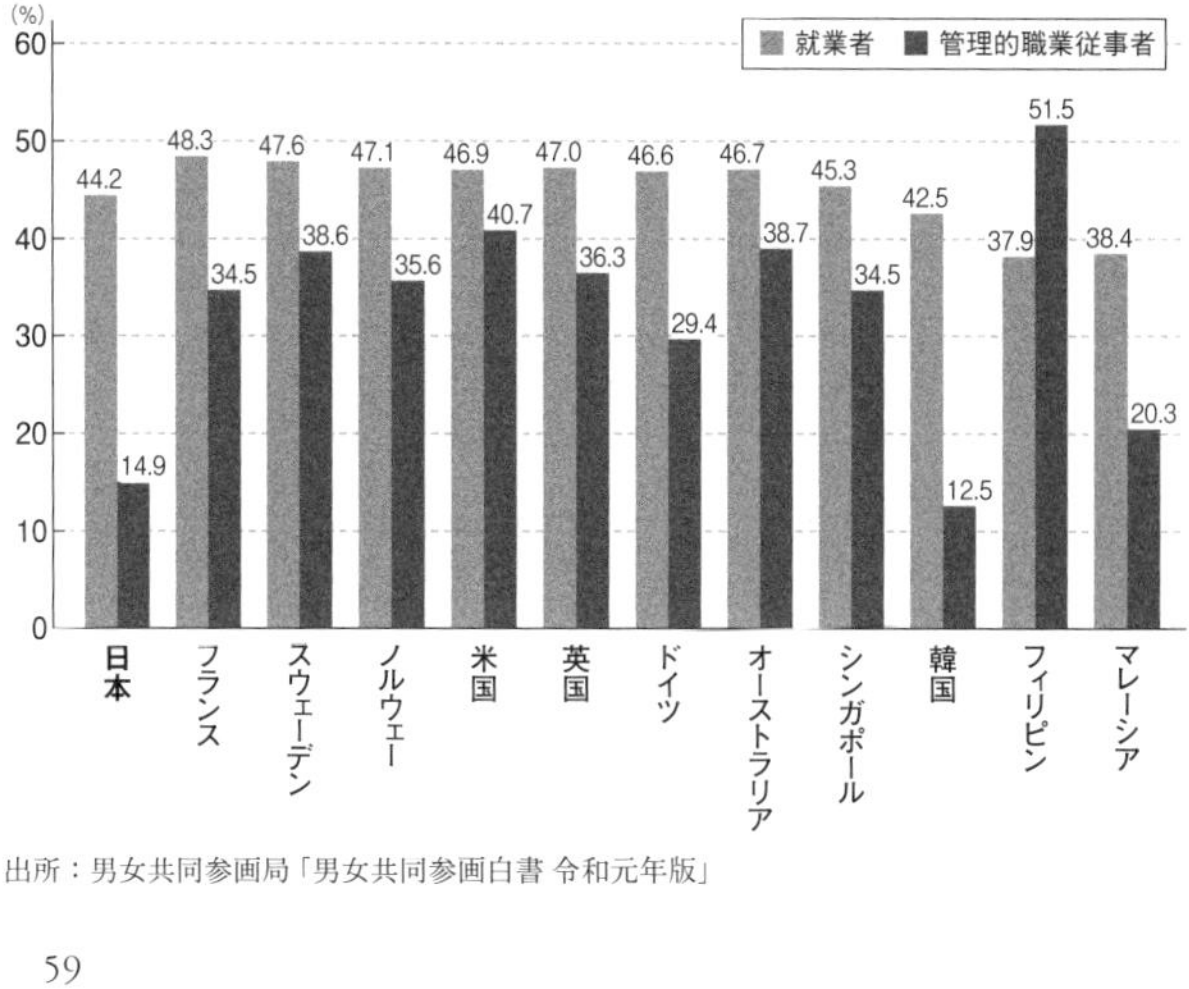

出所：男女共同参画局「男女共同参画白書 令和元年版」

データに基づいて確認していきましょう。

図表2―11は昭和60年（１９８５年）からの在留外国人数の推移を示したグラフであり、マクロ的には右肩上がりで数が伸びていることが見て取れます。

ただし、この約２８３万人（令和元年6月現在）の在留外国人全員が日本で仕事に就いている訳ではありません。平成30年（２０１８年）時点の外国人労働者数は、**図表2―12**の通り、約１４６万人です。このうち、日本政府が積極的な受け入れを表明している「専門的・技術的分野の外国人」は約28万人に止《とど》まります。この28万人には、医療・介護・教育・企業内転勤などの労働者も含まれていますので、日本の一般企業が人材確保のために求めている職種に限定しますと、その数はかなり絞られることになります。

第２章の冒頭で示した通り、今後、日本の生産年齢人口は25年間で約１８００万人減少していきます。その数を外国人雇用によってカバーするのは、極めて厳しいと言わざるを得ません。

もちろん、今後の在留資格の緩和によって、外国人労働者の急増があり得なくもないでしょう。しかし、私はそれも期待薄だと考えています。なぜなら諸外国のホワイトカラーにとって、日本は働くのに魅力的な国ではないからです。

図表2－11　在留外国人数の推移

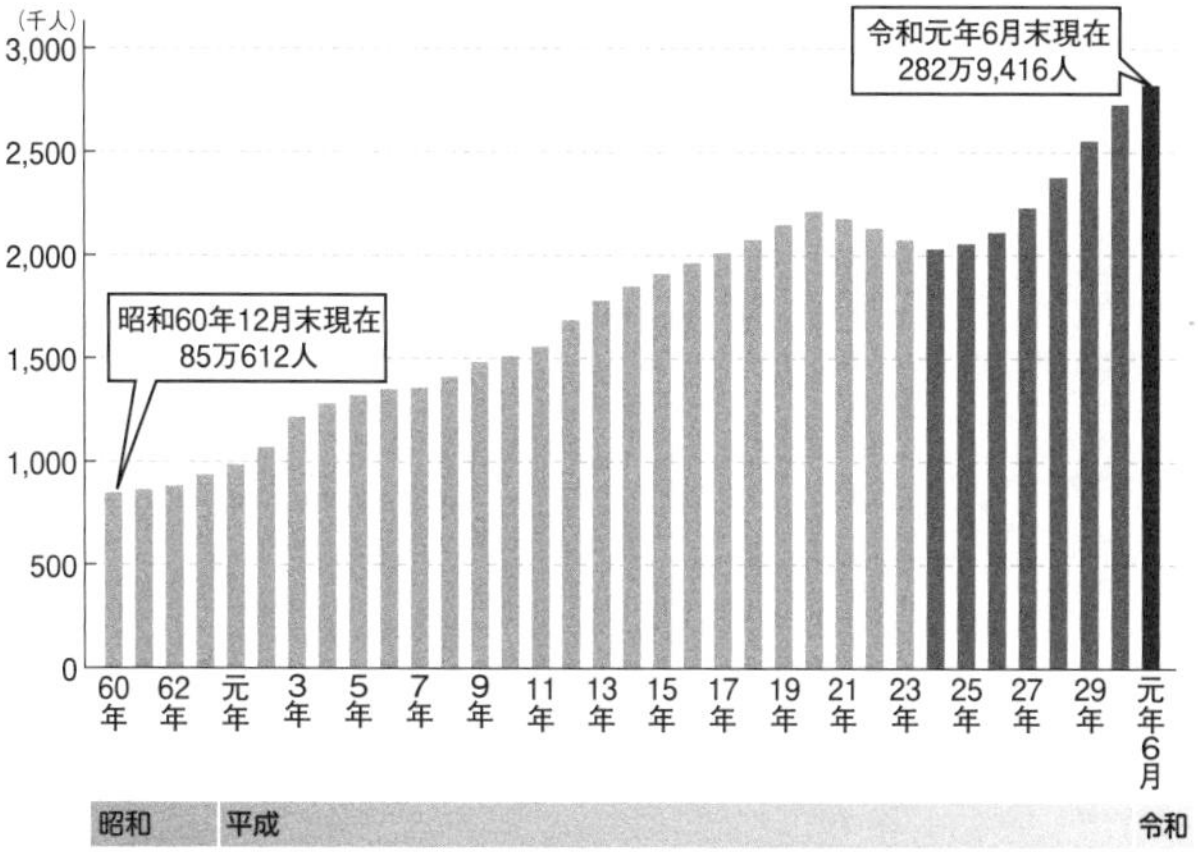

出所：出入国在留管理庁「新たな外国人材の受入れ及び共生社会実現に向けた取組」（2019）

図表2－12　外国人労働者数の推移

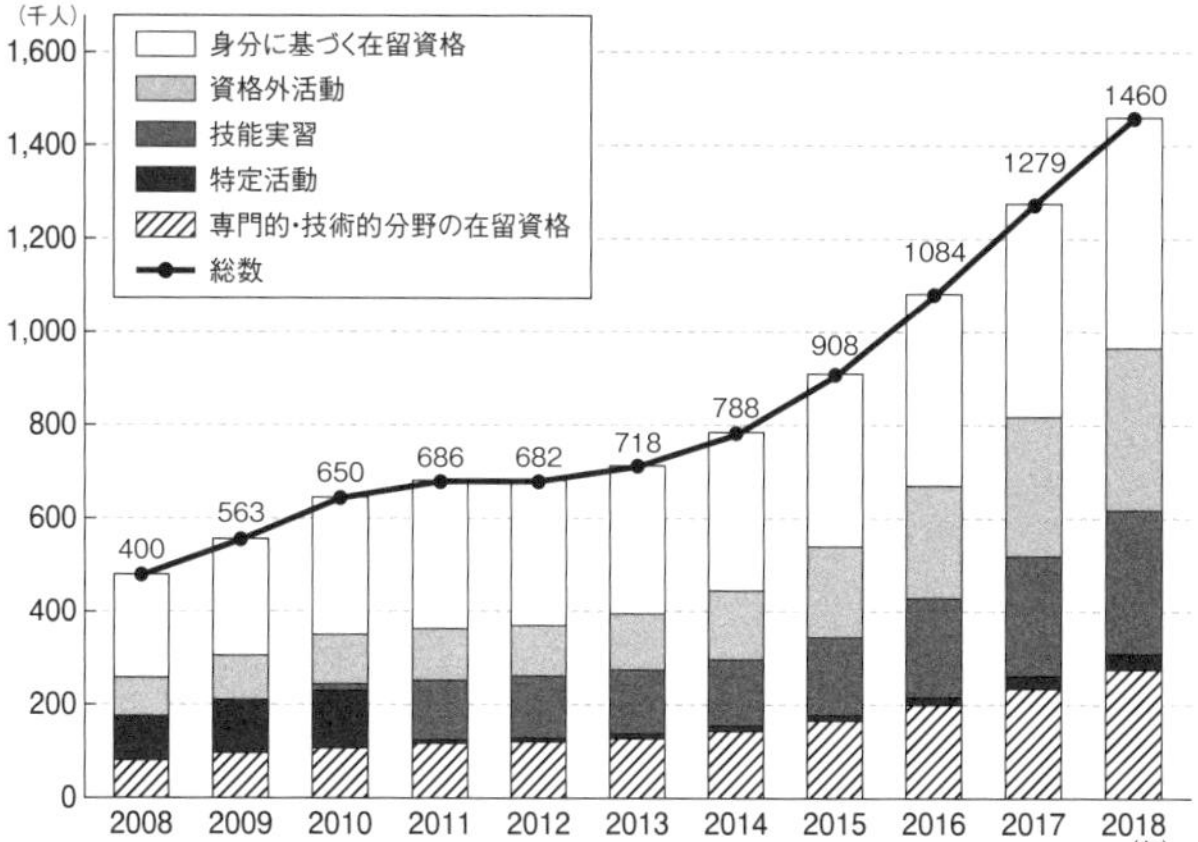

出所：厚生労働省「外国人雇用状況の届出状況（平成30年10月末現在）」

図表2－13　国際労働市場における国別魅力ランキング

ランク	国名	One Year Change	Score 2018
1	スイス	—	100.00
2	アメリカ	—	83.40
3	カナダ	+3	80.31
4	ルクセンブルク	—	78.68
5	UAE	−2	77.65
6	ドイツ	+2	75.67
7	デンマーク	+3	75.34
8	カタール	+1	75.03
9	スウェーデン	+3	74.94
10	オランダ	−3	74.85
11	アイルランド	−6	73.30
12	ノルウェー	+1	72.95
13	オーストリア	+2	71.92
14	香港	−3	69.09
15	シンガポール	+2	67.31
16	ベルギー	—	67.28
17	ニュージーランド	−3	66.95
18	イギリス	+1	66.92
19	オーストラリア	−1	65.26
20	アイスランド	—	64.60
21	フィンランド	+3	63.27
22	フランス	+7	62.97
23	イスラエル	+5	61.39
24	タイ	−1	61.32
25	スペイン	—	61.20
26	マレーシア	+4	61.06
27	キプロス	−6	60.99
28	日本	−6	59.83
29	ポルトガル	+7	59.83
30	チリ	−3	58.00

出所：IMD WORLD TALENT RANKING 2018

図表2－13は、スイスのビジネススクールであるＩＭＤが調査した、国際労働市場における国別魅力ランキングです。日本は全世界で28位、アジア・オセアニアに限っても7位という結果です。外国人労働者にとって、日本はファーストチョイスになり得る国ではなさそうです。

一般的な日本人は、在留資格の要件を日本が緩和すれば、諸外国から大挙して移民が押し寄せてくるイメージを持つのではないでしょうか。しかし、日本が積極的に受け入れていきたい専門的・技術的分野の外国人に限って言えば、そういったイメージは幻想なのかもしれません。

ＡＩの可能性は未知数

　ここまで、日本における生産年齢人口の減少をダイバーシティ経営の推進によってカバーする前提で話を進めてきましたが、定年延長を検討する際には、テクノロジーの進化についても留意が必要です。つまり、今後、様々な技術革新によって、これまでヒトが担ってきた職務がテクノロジーに代替される可能性がある、という視点です。

　テクノロジーによる職務代替の過去の例として、古くは18世紀から19世紀にかけての産業革命があげられます。蒸気機関の発達により、それまでの家内制手工業の多くは工場制機械工業に取って代わられました。読者の皆さんが学生の頃に世界史を選択していれば習ったはずの「ラッダイト運動」は、１８１０年代に英国の手工業労働者が起こした機械打ち壊し運動です。その背景には繊維工業の機械化に伴う失業への労働者の危機感がありました。

　印刷における技術革新もそうでしょう。印刷の世界は、現在のドイツにあたるマインツ出身のヨハネス・グーテンベルクが15世紀に発明したといわれる活版印刷が、数百年に亘って技術の主流でした。20世紀に印刷を事業としていた企業の多くは、活版印刷を前提とした設備を揃え、その効率的なオペレーションに卓越した社員を職人的に育ててきました。それがたった数十年の間に、技術の主流が活版から写植に変わり、さらにはコンピューターで完結するＤＴＰ（デスクトップパブリッシング）へと激変しました。この技術革新の波に乗り切れなかった印刷所の多くが廃業し、それらの企業に勤務していた社員が培ってきた活版や写植の職人的知識・能力・スキルは、一般的な労働市場では通用しないものになってしまいました。

　このような、労働者に求められる知識・能力・スキルの変化・陳腐化は、今後、あらゆる産業で生じる可能性があります。様々な技術革新によってこれまでヒトが担ってきた職務がテクノロジーに代替される、端的に言うとロボットが仕事をするので労働者が必要なくなってくるだろうという見方です。

　その鍵を握るのが、人工知能、いわゆるＡＩです。現時点でのＡＩは、「特定型ＡＩ」の範疇に止まっており、何らかの特定の分野においてのみ、その能力を発揮するように開発されています。囲碁において世界トッププロの棋士を破ったことで有名なAlpha Goは特定型ＡＩの典型です。また、将棋好きの方なら、２０１７年に佐藤天彦叡王に勝利したPonanzaを思い起こすでしょう。これら特定型ＡＩはその用途が限定的であり、ヒトが担う特定の職務に向けたＡＩが開発されない限り、その影響は軽微です。実際、Alpha GoやPonanzaによって職を奪われた人は今のところほとんどいないことでしょう。

図表2－14　技術革新による労働への影響に関する研究例

	先行研究名	技術革新の労働への影響	代替可能性の高い（今後減少する）仕事の例	代替可能性の低い（今後増加する）仕事の例	今後求められる取り組み
1	（株）野村総合研究所レポート	労働人口の約49％が代替可能性が高い	必ずしも特別の知識・スキルが求められない職業	他者との協調や、他者の理解、説得、ネゴシエーション、サービス志向性が求められる職業	—
2	経済産業省「新産業構造ビジョン」	・従業員数735万人減少（現状放置シナリオ） ・従業員数161万人減少（変革シナリオ）	バックオフィス等、従来型のミドルスキルのホワイトカラーの仕事	上流工程やIT業務における、ミドルスキル・ハイスキルの仕事	・就業構造の転換に対応した人材育成 ・成長分野への労働移動
3	総務省情報通信政策研究所「AIネットワーク社会推進会議報告書2017」	付加価値の高い業務への配置転換や新たな雇用創出の可能性も見込まれる	ルーティンタスク	—	・新しく創出される雇用への円滑な移行 ・適応のための教育や人材育成
4	厚生労働省「IoT・ビッグデータ・AI等が雇用・労働に与える影響に関する研究報告書」	ただちに今働いている人の失業を意味するわけではない	ホワイトカラーの仕事	人が直接対応することが質・価値の向上につながるサービスに関わる仕事	・能力開発機会の提供 ・新しい価値創出のためのAI等の投資・活用
5	厚生労働省「平成29年版労働経済の分析」	今後実態の把握に努める必要がある	定期的業務が中心の職種	新しい付加価値の創出に役立つ技術職	AIを使いこなす能力や、AIに代替されにくいコミュニケーション能力の向上のための取り組み
6	Arntz et al.「The Risk of Automation for jobs in OECD Countries: A Comparative Analysis」	自動化リスクの高い仕事は9％に過ぎない ※当該割合自体も過大推計である可能性があることを研究内で示唆している	教育水準や所得水準が低い労働者の仕事	—	技術革新に伴う潜在的な格差拡大や職業訓練への対処

出所：厚生労働省 第3回労働政策審議会労働政策基本部会 資料1「技術革新が労働に与える影響について(先行研究)」(2017)

しかしながら、特定型ではない「汎用型ＡＩ」が誕生すると、状況は一変するとの予想があります。汎用型ＡＩは人間と同等以上の汎用化能力を有しており、情報入力と自己学習によって、様々なタスクを幅広く自律的にこなすようになれるとされています。そのため、「汎用型ＡＩが登場するであろう２０３０年頃には、現在のホワイトカラー職務の多くが代替される可能性がある」という調査結果もあります。

ただし、ＡＩを中心とする技術革新が、ヒトの担う職務をどの程度代替していくかを判断するのは、時期尚早です。**図表2―14**にある通り、様々な研究結果が発表されているものの、共通認識はまだ定まっていません。とはいえ、定年延長を含む人材マネジメントに大きな影響を与える動きであり、人事に携わる者としては注視を続ける必要があるでしょう。

今後のシニア雇用の法制化

ここまで見てきたとおり、先の見えない日本の少子化により、若者を安定的かつ十分に確保するのは多くの日本企業にとって困難な状況が続きます。また、女性・外国人による人材不足のカバーは難しく、技術革新がどこまでヒトの職務を代替するかも未知数です。そうなると、いよいよシニアの雇用が、人材不足の解決策として重要になってくる訳です。

ある意味、人手不足解消の選択肢として、シニアの継続雇用は最も筋が良い方法です。なぜなら、自社での就労経験豊かな人材が既に目の前に存在しており、シニア本人の実力を会社が十分に把握しており、雇用期間を延ばすことで容易に確保が可能だからです。人材を一から探したり、候補者を見極めたりするような手間はほとんどかかりません。

また、日本政府もシニア雇用を重視し、国策として推し進めようとしています（主な理由は年金財政健全化の観点かもしれませんが）。

２０１８年２月に閣議決定された「高齢社会対策大綱」では、以下の基本的な考え方に則り、高齢社会対策を進めることが宣言されました。

①年齢による画一化を見直し、全ての年代の人々が希望に応じて意欲・能力をいかして活躍できるエイジレス社会を目指す
②地域における生活基盤を整備し、人生のどの段階でも高齢期の暮らしを具体的に描ける地域コミュニティを作る
③技術革新の成果が可能にする新しい高齢社会対策を志向する

さらに、２０１９年６月に開催された未来投資会議では、全世代型社会保障への改革が内閣にとって最大のチャレンジであることが確認され、次の方向性が示されました。

①65歳以上への継続雇用年齢の引上げについては、70歳までの就業機会の確保を図り、高齢者の希望・特性に応じて、多様な選択肢を整える
②中途採用・経験者採用拡大及び新卒一括採用見直しを進め、併せて、企業による評価・報酬制度の見直しを図る。加えて、政府としては、大企業に対し、中途採用・経験者採用比率の情報公開を求めるといった対応を図る

そして、法制度として整える選択肢として、以下の内容が謳われました。

①定年廃止
②70歳までの定年延長
③継続雇用制度導入(現行65歳までの制度と同様、子会社・関連会社での継続雇用を含む)
④他の企業（子会社・関連会社以外の企業）への再就職の実現

⑤個人とのフリーランス契約への資金提供
⑥個人の起業支援
⑦個人の社会貢献活動参加への資金提供

これらの動きを受け、70歳までの就業確保に努めることを企業に求め、従業員３０１人以上の企業には、社員採用数に占めるキャリア採用の比率公表を義務付けるといった内容を含む雇用改革関連法の改正が２０２０年３月31日に参議院本会議で可決され、２０２１年４月からの施行が決定しました。

こういった日本政府による検討動向の中で私が注目しているのは、「エイジレス」という表現が打ち出されることが多くなってきたことです。エイジレス、すなわち、年齢に関係なく働き続けられる雇用環境の実現が、今後、国策として企業に求められるようになるでしょう。１９８０年代に努力規定から始まった55歳から60歳への定年延長の動きは、その後、法的に義務化されました。これからの65歳ないしは70歳への定年延長も同じような流れになるとも考えられます。仮に読者の皆さんの会社が、現時点で人手不足に直面していなくとも、法律によって定年延長が経営課題の一つになってくるという訳です。

第2章のまとめ：労働市場のマクロ動向から定年延長は不可避の流れ

●少子化の進展によって生産年齢人口が大きく減少し、少なくとも数十年は若手人材の獲得競争が続く
●転職の更なる一般化により、採用だけでなく、いかに優秀な人材を定着させるかにも注力する必要がある
●若手人材の不足を、女性および外国人材の雇用増だけでカバーするのは困難
●これらの状況を勘案すると、シニア雇用が人材確保策として有力な選択肢となる。ただし、ＡＩなどの技術革新による職務代替の動きも注視する必要がある
●人材不足が経営課題でなくても、定年延長が国策として推進される可能性もある

以上より、好むと好まざるとに関わらず、遅かれ早かれ、日本企業は定年延長について検討する必要があり、社内でその音頭を取る人事部門の責任は極めて重大です。

第3章 シニアを正しく活かす「雇用ジェロントロジー」

ジェロントロジーで紐解くシニアの可能性

第1章では現状のシニア雇用の問題点を解説し、第2章で日本国内における今後の人材確保にはシニアの活用が有力になることを考察してきました。続いてこの第3章では、シニア雇用のあるべき姿を検討する際の前提となる「雇用ジェロントロジー（老年学）」という考え方を提唱します。

人間である以上、どのような立場にある人でも、加齢に伴う心と身体の変化から免れることはできません。また、加齢は誰もが身をもって経験し、近しい人から見聞きする変化です。そのため、シニアの心身に対するイメージは個々人の主観を基に形成され、加齢によってシニアの体力・知力は徐々に低下していくと考えられがちです。

しかし、体力・知力にも色々あります。それぞれの能力が、いつどのように変化していくのか……この問いに客観的に回答できる人はそれほど多くありません。

企業においてシニアに関連した人事施策・制度を企画する際、人事部門を中心とする少人数の検討プロジェクトチームを組成することが一般的です。その際、チームを構成するメンバー各人が持つ「シニアに対する漠然としたイメージ」によって、施策・制度の方向性が左右される可能性があります。定年延長の目的の一つは、「個々のシニアに、彼／彼女が有する知識・能力・経験や就労制約などの条件にマッチしたやりがいのある職務を担ってもらい、会社にしっかりと貢献してもらう」ことにあります。その検討を主観的なイメージに基づいて議論していては、目的達成につながる施策・制度の策定・運用は困難でしょう。

もちろん個々のシニアの前提条件にはそれぞれ個人差がありますが、シニアの基本的な心身変化に関する研究・検証結果を客観的知識として理解しておくことが、定年延長の検討全体において有益と考えられます。

そういったシニアの心身変化を客観的に理解する際に参考となるのが「ジェロントロジー」と呼ばれる学問です。ジェロントロジーは「老年学」と翻訳されます。老年学という言葉の響きにネガティブな印象を抱きがちであることはさておき、東京大学の高齢社会総合研究機構によって、ジェロントロジーは「様々な学術分野が連携して長生きを心から喜べる社会をつくる学際科学」と定義付けられています。

このジェロントロジーの考え方に基づいて数々の統計データや研究結果を読み解き、シニアの体力・知力や心の変化が就労にどのような影響を及ぼすかを考えることで、それぞれの企業におけるシニアの雇用のあり方を模索する。それを、私は「雇用ジェロントロジー」と名付けました。

まずは、加齢に伴う心身の変化についての様々なデータ・情報を用いて、「体力の変化」「知力の変化」「心（価値観・性格）の変化」を、それぞれの観点から読み解いていきましょう。

データで見るシニアの体力の変化

年を取ると体力が次第に衰え、健康面での不安が大きくなってくる――。これが、私たちがシニアに対して抱きがちなイメージです。階段を昇る際に息が上がる、四十肩・五十肩で肩が上がらなくなる、老眼によって文字が読みにくくなるなど、身体の変化を我がこととして痛感している読者もいるでしょう（少なくとも私は老眼を痛感しています。四十肩は既に治癒しました）。

しかし、一言で「体力」と言っても様々な要素があり、加齢によってすべてが一律に低下していく訳ではありません。どのような体力がどの時点でどの程度変化するのかを定量的に把握し、それらの変化が就労にどう影響し得るのか、自社の職務への影響を具体的に想定しておく必要があるのです。

図表３－１　通常歩行速度の差異

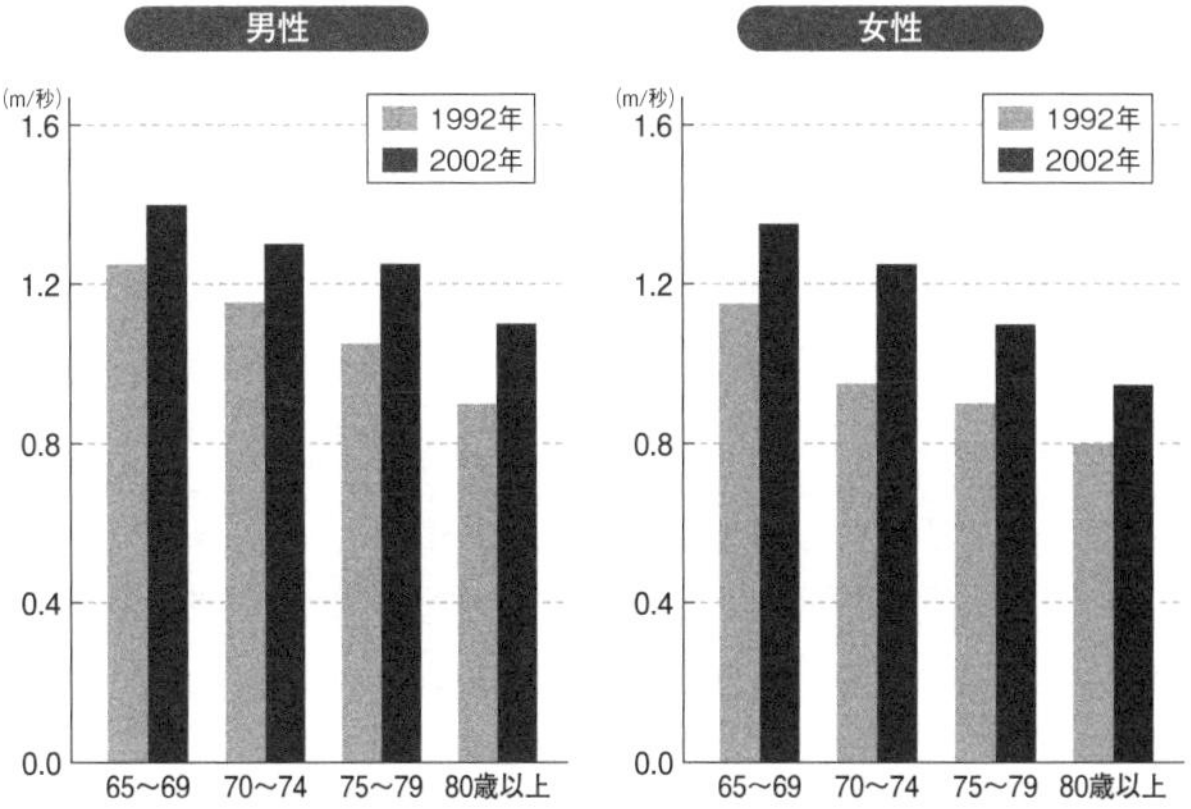

出所：鈴木隆雄、權珍嬉「日本人高齢者における身体機能の縦断的・横断的変化に関する研究」『厚生の指標』第53巻第4号（2006）

１　歩行速度

人間の加齢に伴う体力変化を測定する指標として、歩行速度、すなわち歩く速さが用いられます。**図表３－１**は、１９９２年と２００２年における高齢者の歩行速度を比較した研究の結果です。２００２年の75～79歳の歩行速度をご覧ください。１９９２年の65～69の歩行速度と比べるとどうでしょうか。年齢が10歳も違うのに、ほぼ同等という結果が見て取れます。これは高齢者の歩行速度が昔に比べて大幅に速くなっている、つまり体力的に若返っていることを意味しています。今の高齢者は、私たちが幼少の頃に見てきた高齢者とは、体力的に異なる存在と考えてもよいでしょう。

また、２００２年の65〜69歳の歩行速度の絶対値は、男女とも秒速１・３メートル以上あります。秒速１・３メートルとは、時速約４・７キロメートルに相当します。

不動産物件の広告などで「最寄り駅まで徒歩○分」といった表示をよく見ると思います。この表示は、不動産公正取引協議会連合会の「不動産の表示に関する公正競争規約施行規則」に定められた「徒歩による所要時間は、道路距離80メートルにつき1分間を要するものとして算出した数値を表示すること」というルールに基づいて計算されています。これを時速に換算すると、４・８キロメートル。不動産物件広告の「徒歩○分」はそれなりのスピードがありますので、65〜69歳の時速４・７キロメートルという歩行速度は、日常生活や就労に問題ない水準と言えるでしょう。

図表３―１のグラフは、高齢者＝歩くのが遅い、というイメージを持つ人にとって意外なデータかもしれません。そういった主観的イメージに基づいてシニアの就労を検討することがいかに判断の誤りにつながりやすいか、その証左の一つと言えるでしょう。

２　全身持久力

加齢に伴う体力の変化について、さらに項目分けし、詳しく見てみましょう。

図表3－2　加齢に伴う20メートルシャトルランの変化

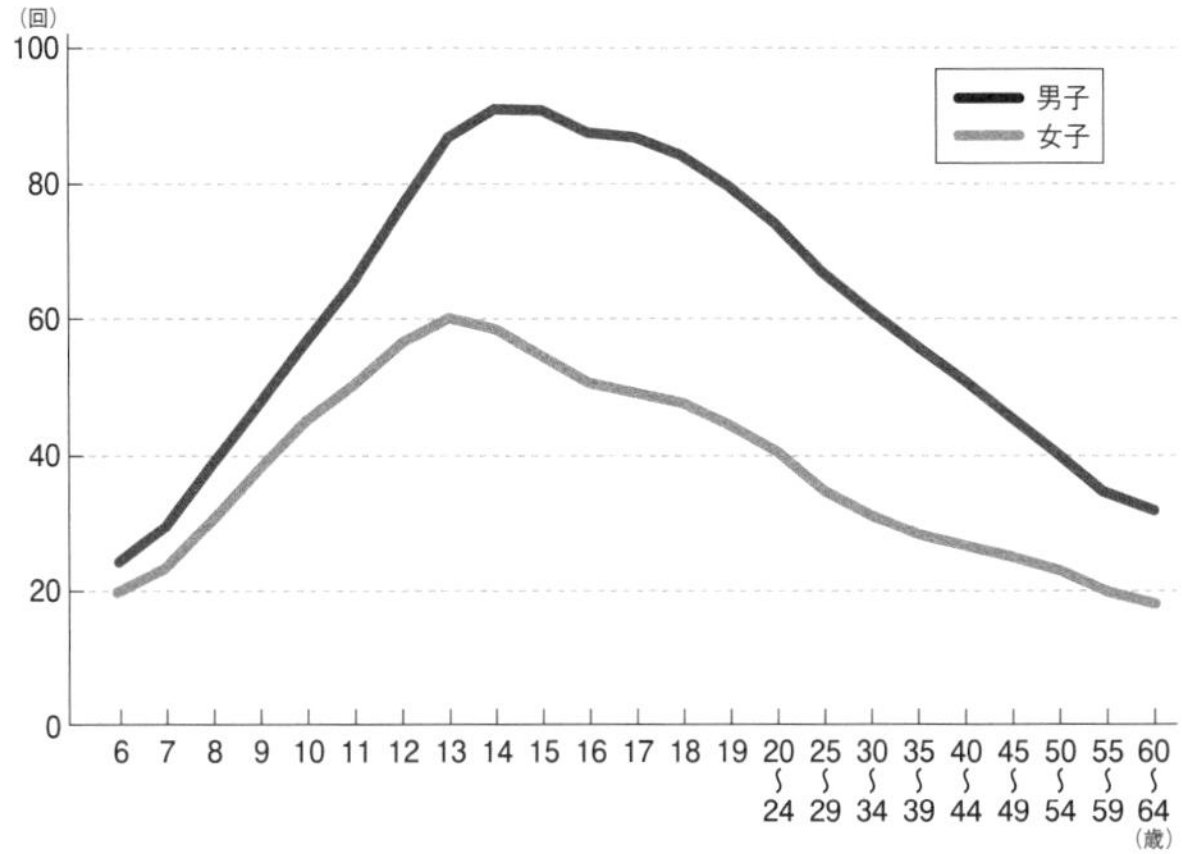

出所：スポーツ庁「平成30年度体力・運動調査結果の概要及び報告書」

まず、**図表3－2**は「20メートルシャトルラン」という体力テストの種目について、年齢別の結果を示したものです。恐らく、昭和生まれの大半の方にとって、20メートルシャトルラン（以下、シャトルラン）という言葉には聞き覚えがないことでしょう。シャトルランは文部科学省が2001年4月に始めた新体力テストで採用された種目です。「片道20メートルの往復走を制限時間の中で何回続けて成功できるか」という大変なスタミナが求められるテストになります。平成生まれにとっては常識的な言葉、というよりは経験であり、シャトルランは辛《つら》い種目の代名詞です。もしも読者のあなたがシャトルランを知らなければ、試しに周囲の若者に「20メートルシャトルランって知ってる？」と聞いてみてください。絶対知っているだけでなく、どんなに辛かったか教えてくれるはずです（ちなみに私の息子の小学6年時の記録は83回だそうです）。

このシャトルランの結果を全身持久力と読み替えますと、男性の場合、年齢別のピークは14歳です。このピークの値を１００％とした場合、60歳代前半で全身持久力は約30％まで低下していきます。

また、女性の全身持久力のピークは13歳です。年代別の低下率は男性よりも大きくなり、60歳代前半でピークの約25％になります。

男女いずれも60歳代ではピークから3割以下になる勢いで低下していきます。40歳代・50歳代で階段を昇り続けると呼吸が荒くなるのも納得のデータです。

全身持久力の加齢による低下は、それが求められる職務において、シニアの就労に大きな影響を及ぼし得ると考えるべきでしょう。

3　筋力

全身持久力に続いて、筋力の変化を見ていきましょう。**図表3―3**は筋力、具体的には握力の変化を示したものです。

図表3－3　加齢に伴う握力の変化

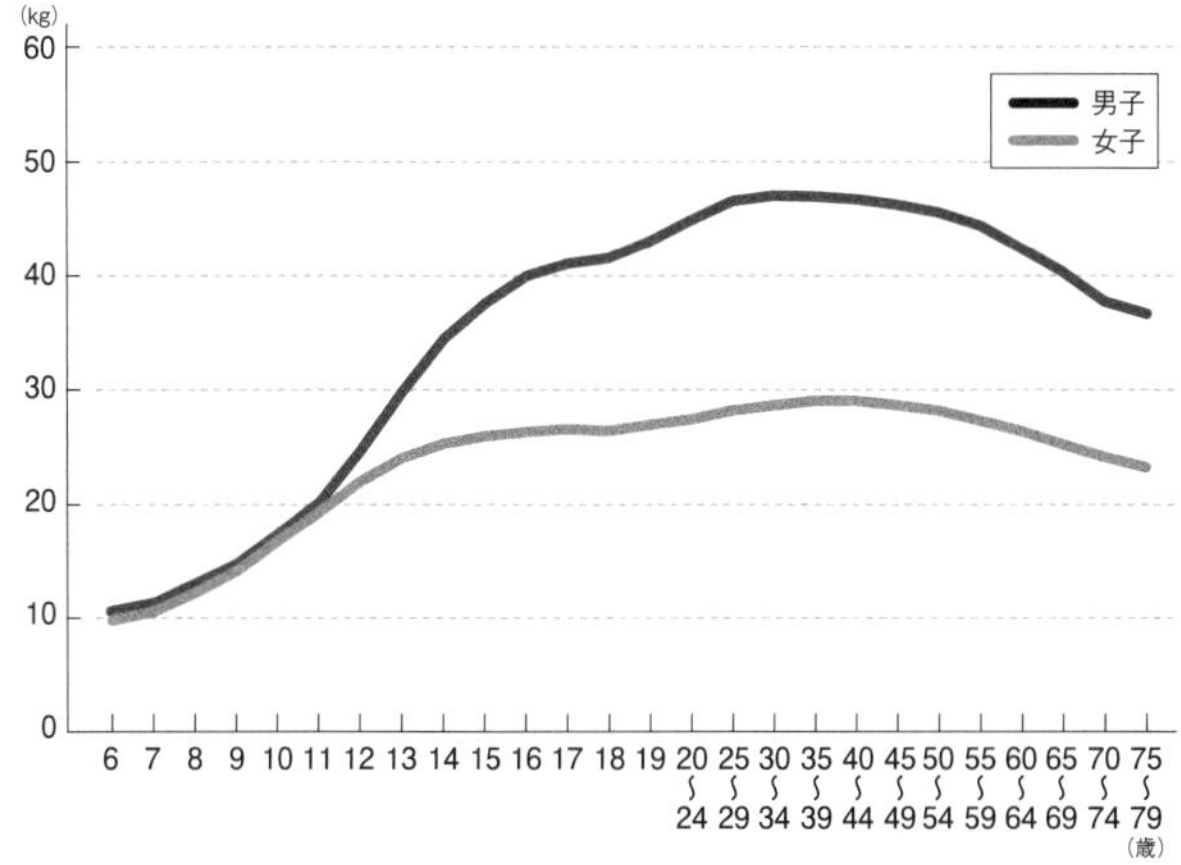

出所：スポーツ庁「平成30年度体力・運動調査結果の概要及び報告書」

男性の場合、握力のピークは30歳代前半の約47kgです。全身持久力と比べると、ピーク年齢は15年以上遅くなります。そして、このピークの値を１００％としますと、60歳代前半になっても約92％を維持しており、それほど低下することはありません。

また、女性の場合、握力のピーク年齢は30歳代後半と男性よりもさらに遅く、60歳代でピーク時の約91％を維持。その維持率は男性とほぼ同等です。

このデータを見る限り、加齢による筋力の低下は、シニアの就労に大きな影響を及ぼすことはなさそうです。

ただし、握力のデータはあくまで腕まわりの筋力を示すものです。次に、全身、特に下

図表３－４　加齢に伴う立ち幅跳びの変化

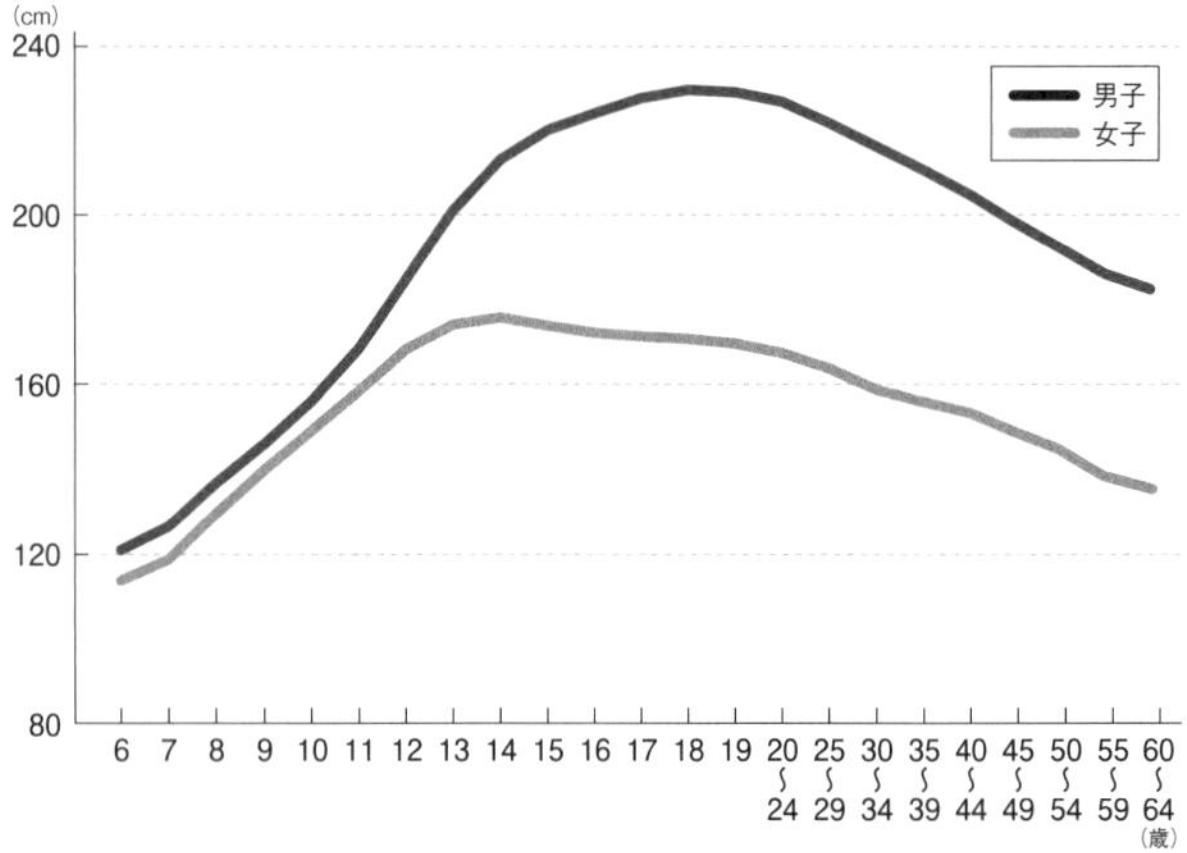

出所：スポーツ庁「平成30年度体力・運動調査結果の概要及び報告書」

半身中心の筋力の変化を示す立ち幅跳びのデータ（**図表３－４**）を見ていきましょう。

男性の場合、立ち幅跳びのピークは19歳です。握力に対し、10歳以上若い年齢でピークを迎えます。そして、60歳代前半になると約77％まで低下します。また、女性の立ち幅跳びのピーク年齢は14歳であり、年代別の低下率は男性とほぼ同様に、60歳代前半でピーク時の約74％になります。つまり、下半身の筋力は、シニアになるとピーク時の４分の３になる、と考えれば分かりやすいでしょう。

これらの結果から、人間の筋力は上半身よりも下半身の方が加齢による低下の度合いが大きい、と言えそうです。高齢者になると足腰の衰弱によって外出の頻度が下がり、社会

図表3－5　加齢に伴う反復横跳びの変化

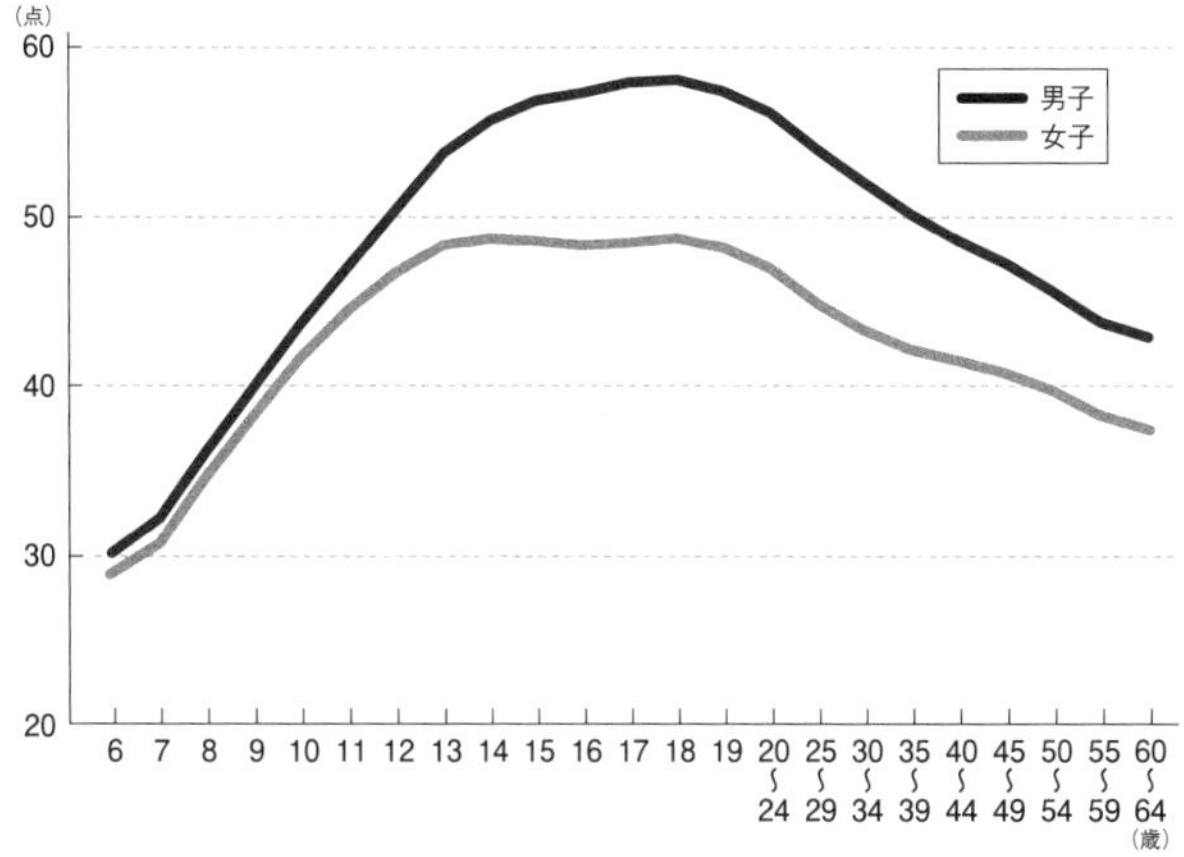

出所：スポーツ庁「平成30年度体力・運動調査結果の概要及び報告書」

性が失われ、遂には寝たきりになってしまうケースがよく見られます。立ち作業や歩き仕事など、足腰の強さが必須の職務に就くシニアについては、下半身の筋力を維持するようなトレーニングの継続が求められます。

4　敏捷性

全身持久力、筋力に続いて、敏捷《びんしょう》性についても見てみましょう。**図表3－5**は敏捷性の変化を反復横跳びの結果から示したものです。

男性の反復横跳びのピークは18歳で、60歳代前半でピーク時の約72％にまで低下します。女性のピーク年齢も同じく18歳です。60歳代前半で約74％にまで低下し、その低下率は男性と同等です。

従って、全身持久力ほどではないものの、敏捷性には下半身の筋力と同等の加齢による影響があり、シニアが担う就労内容によっては影響が出る可能性があると考えた方がよいでしょう。

5 視力

ここまで、主に「動作」に関連する能力を見てきました。続いて、「感覚」に関する能力も確認しておきましょう。

まずは視力についてです。視力を測る検査項目として主なものに静止視力と動体視力の二種類があります。静止視力は、文字通り静止している視標に基づいて測定する視力です。一般的な健康診断でCに似た記号（正式な呼称は「ランドルト環」）の上下左右いずれかの切れ目を指摘するあの検査です。**図表3―6**をご覧ください。多くの方が実感している通り、静止視力はある程度、加齢による影響を受けます。ただし、静止視力の低下は、メガネやコンタクトレンズなどの矯正器具で補正することが可能です。そのため、シニアの就労への影響は限定的と考えられます。

一方の動体視力は、動いている視標に基づいて測定する視力です。**図表3―6**が示す通り、

図表３－６　年齢と静止視力・動体視力の変化

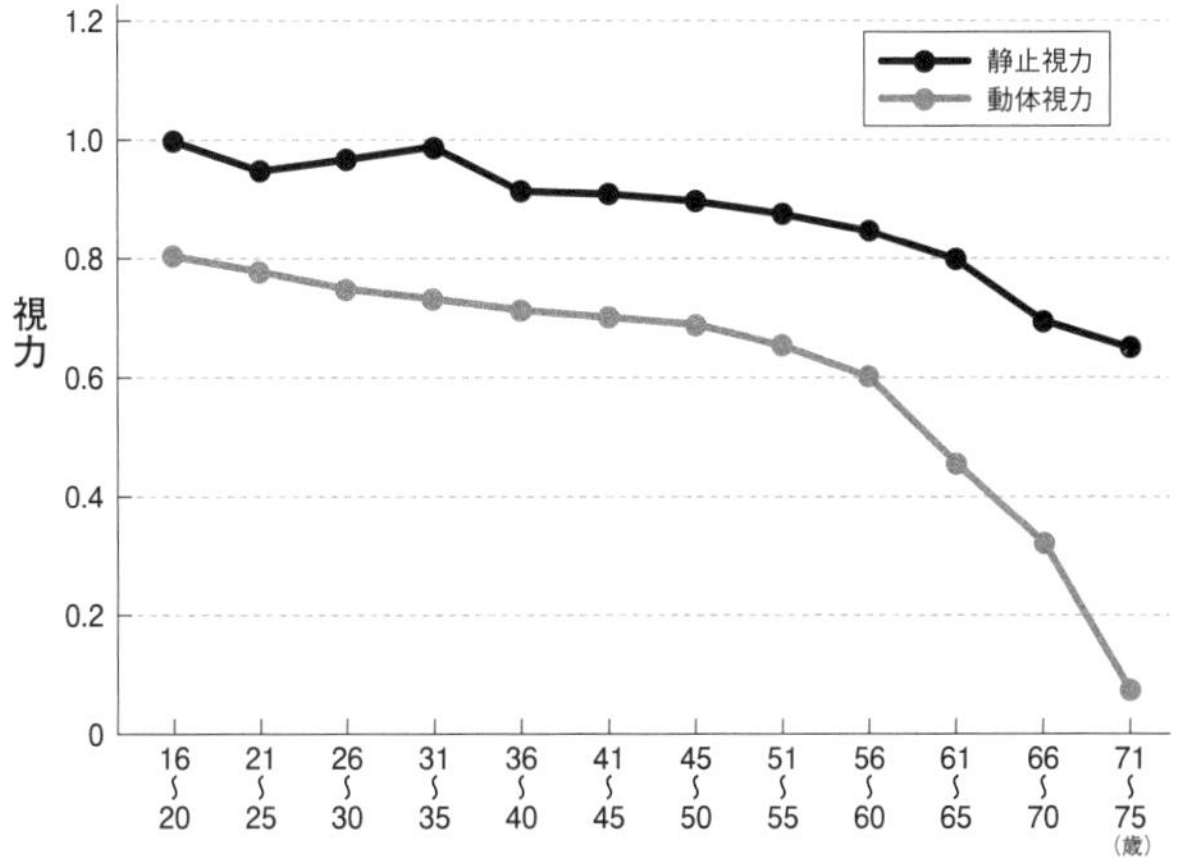

出所：鈴村昭弘「空間における動体視知覚の動揺と視覚適正の開発」日本眼科学会雑誌 75巻9号(1974)

加齢による影響は静止視力よりも大きく、また、矯正器具によってその低下を補うことが困難です。従って、動体視力が必要な職務においては、加齢に伴って技能・スキルが低下してしまうことになります。プロ野球界を代表するようなバッターが、体力的にはまだまだやれるにもかかわらず、打撃成績が落ちてしまうのは、動体視力の低下の影響が大きいとも言われています。

また、静止視力・動体視力とは別に、周辺視野や暗い場所での暗視力も加齢によって衰えるという研究結果があります。それらも併せて、シニアの就労環境に配慮するべきでしょう。

6　聴力

加齢は視力だけでなく、聴力にも悪影響を及ぼします。

図表3―7は周波数に応じた純音聴力（健康診断などで測定される最も一般的な聴力）を年代別に示したものです。縦軸の聴力レベルのdB《デシベル》の数字が大きくなるほど（グラフで下に行くほど）、聴力が低いことを意味しています。このグラフから、横軸の周波数が高くなるにつれて、高齢者ほど聴力が大きく低下することが見て取れます。

余談になりますが、この高周波での聴力低下を利用して開発されたのが、深夜のコンビニエンスストアなどにたむろする若者を撃退する「モスキート音」です。若者にしか聞こえない高周波の不快な音を流すことで人為的に「居づらさ」を作り出し、他の場所への移動を促す仕掛けです。

話を戻しますと、世界保健機関（WHO）による分類では、25dB以下の聴力レベルが「正常」、26～40dBが「軽度難聴」、41～60dBが「中等度難聴」に位置付けられています。また、周波数について、人間同士の一般的な会話は２５０～２０００Hz《ヘルツ》の間とされています。従って、**図表3―7**の横軸について、会話の周波数域である２５０～２０００Hzに限ってみると、60歳代の聴力は正常（25dB以下）と言えるレベルにあります。

図表３－７　純音聴力レベル 年代別平均

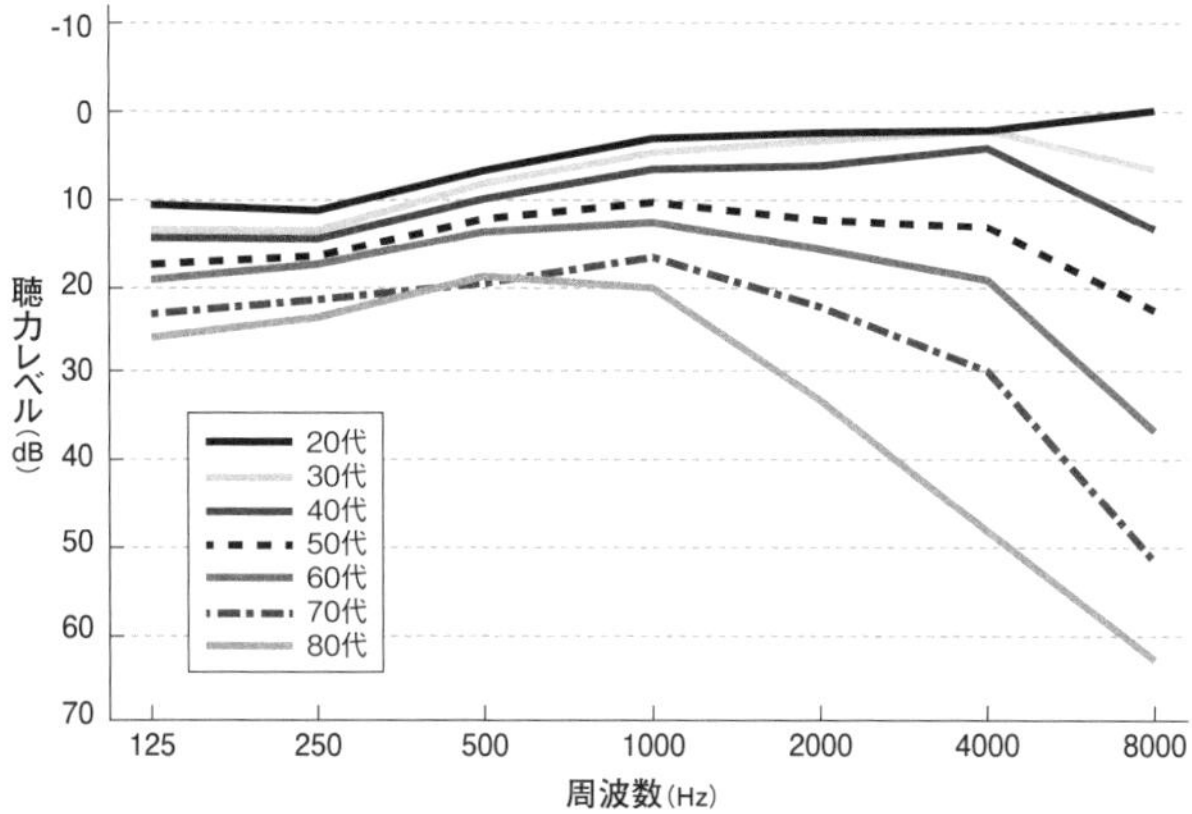

出所：「高齢者対応基盤整備研究開発　第Ⅱ編データベース整備（動態・視聴覚特性）」、2002年3月、一般社団法人人間生活工学研究センター

ただし、これらの結果は静音下に限定されます。会話の音声よりも周囲の騒音・雑音の方が10dB以上大きい環境においては、高齢者は会話が聞き取りづらくなる、という研究結果もあります。つまり、騒音・雑音を伴うような職場では、シニアとの会話成立が難しくなるということです。視力と同様に、聴力面でもシニアの就労環境への配慮が必要になるでしょう。

ちなみに、耳の遠い高齢者の方と話をするときのポイントは、「静かな場所を選ぶ」「低めの声ではっきり・ゆっくり話す」「シンプルな短い文章で話す」ことです。騒音・雑音が大きな場所では、いくら声を張り上げても通じにくい状況に変わりはありません。

図表３－８　性別年齢別閉眼片足立ち時間の平均

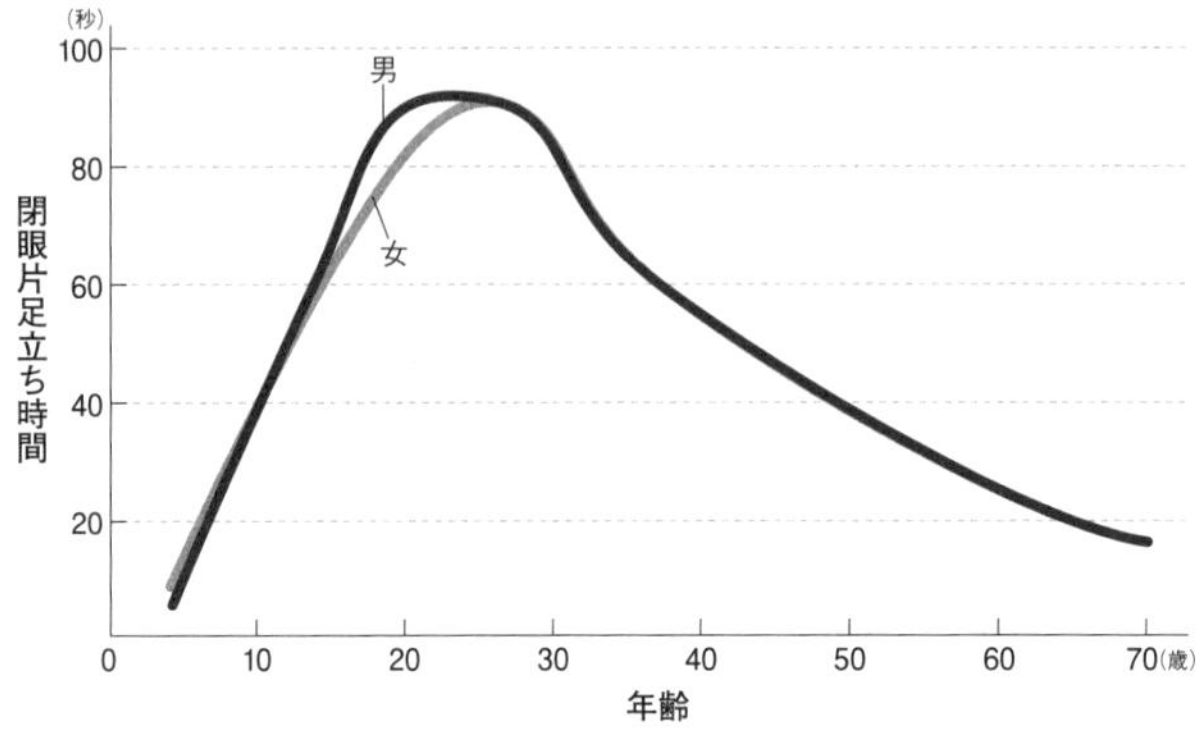

出所：梅崎重夫、深谷潔「高年齢者の安全確保のための機器及び作業システムの開発に関する特別研究（第１報）」、SRR-No.13、（独）産業安全研究所（現（独）労働安全衛生総合研究所）（1993）／「産業安全研究所特別研究報告」RIIS-SRR-NO.13「高年齢労働者の労働災害防止対策調査研究委員会報告書」中央労働災害防止協会（1991）

7　平衡感覚

聴力と同様に、平衡感覚も耳が担う重要な機能の一つです。**図表３－８**の通り、平衡感覚が求められる閉眼（目を閉じた状態）片足立ちでは、ピークである20歳代から加齢に伴って持続時間が滑り台のように低下していきます。

50歳以上になると、閉眼片足立ちの持続時間は10歳未満のそれとほぼ同水準にあります。このデータから見る限り、60歳代の平衡感覚はピーク時の３割程度まで低下する傾向にあると言えそうです。従って、同じくピーク時から３割程度にまで低下してしまう全身持久力と同様に、平衡感覚の低下はシニアの就労に大きな影響を及ぼし得ると考えた方がよいでしょう。

実際に、転倒や墜落・転落といった労働災害は、50歳代以降で急激に増加する傾向にあることが分かっています。定年延長の検討の際には、人事施策や制度だけでなく、シニアに優しいバリアフリーの職場整備も併せて考える必要があります。

加齢による健康度の変化

全身持久力や筋力、視力や聴力などの身体機能を十分に維持しているからといって、高齢者が健康的で自立した生活ができるとは限りません。病気などの他の要因で周囲からのサポートが必要になる可能性もあります。**図表3―9と3―10**は、東京大学高齢社会総合研究機構の秋山弘子名誉教授による全国高齢者20年の追跡調査の結果です。ジェロントロジーの分野では非常に有名なグラフであり、日本人高齢者の健康度の変化パターンが折れ線で表されています。

まず、日本人男性の健康度の変化パターンを示したのが**図表3―9**です。横軸が年齢、縦軸が生活の自立レベルを示しています。男性の場合、80代後半まで自立を維持する群、70代中盤から緩やかに自立度が低下する群、比較的若い段階で自立機能を喪失する群の3つに分かれます。レベル3が「自立」、レベル2が「手段的日常生活動作に援助が必要」です。手段的日常生活動作とは、買い物や洗濯・掃除などの家事全般、公共交通機関の利用、電話応対など基本的な生活に必要な活動を意味しており、これらに援助が必要であるということは、会社で自立して職務を担うことも困難と考えられます。66歳までに自立レベルが3から2に下がる人の割合が19％ありますが、逆に考えると、60歳代の男性の約8割は健康面での就労の問題はないと言えそうです。

図表3―10は、日本人女性の健康度の変化パターンで、こちらは2群に分かれます。66歳までに自立レベルが3から2に下がる人の割合は、12・1％と男性よりも低くなっています。60歳代の女性の約9割は健康面での就労の問題はないと考えていいでしょう。

ただし、男性の約2割、女性の約1割が60歳代で自立的な職務遂行が困難になるという状況は、配偶者や親族がそういった状況に陥る可能性があることも併せて考慮すると、決して低い割合ではありません。少なくとも自社の社員がそうなってしまわないよう、社員が若い頃から、健康増進支援の取り組みを進める必要があります。

ここまで、加齢に伴う体力の変化についての様々なデータを見てきました。それらの内容から、健康なシニアの場合、一般的なデスクワークの範疇であれば就労に大きな影響はない

図表3－9　健康度の変化パターン〈男性〉

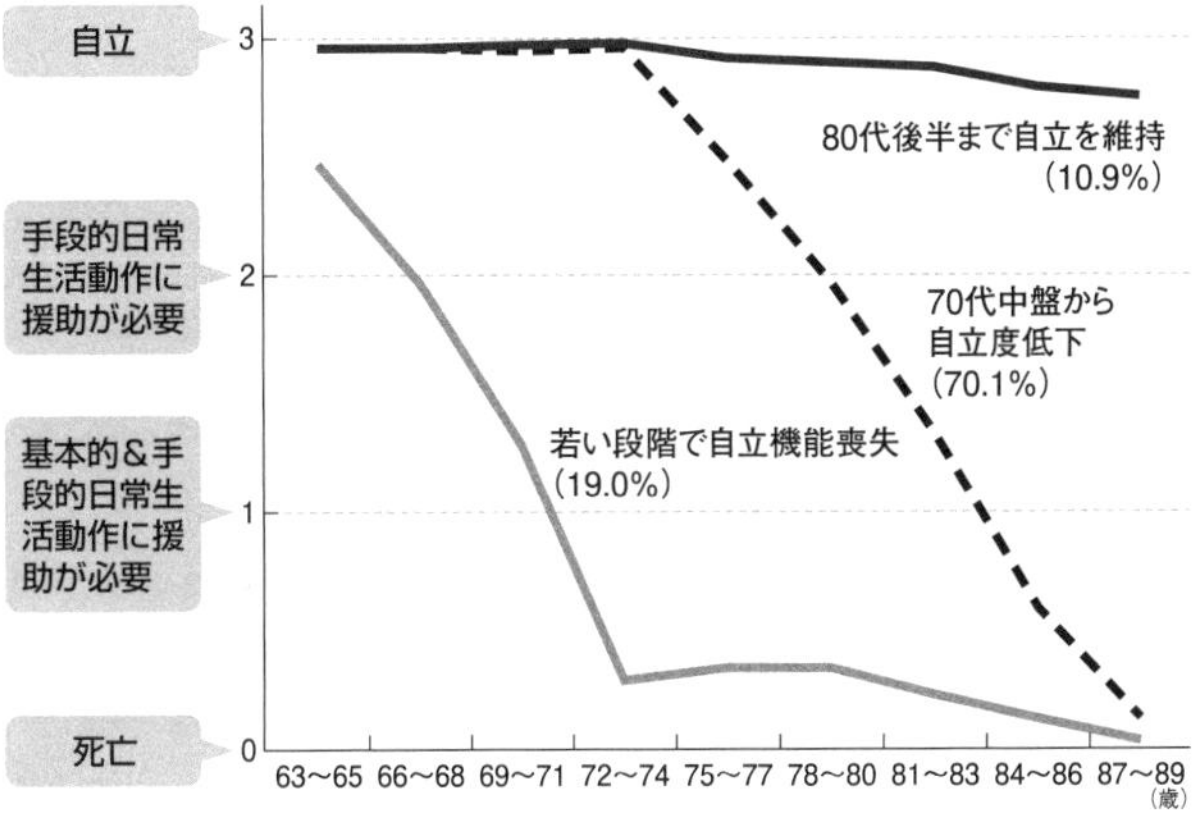

図表3－10　健康度の変化パターン〈女性〉

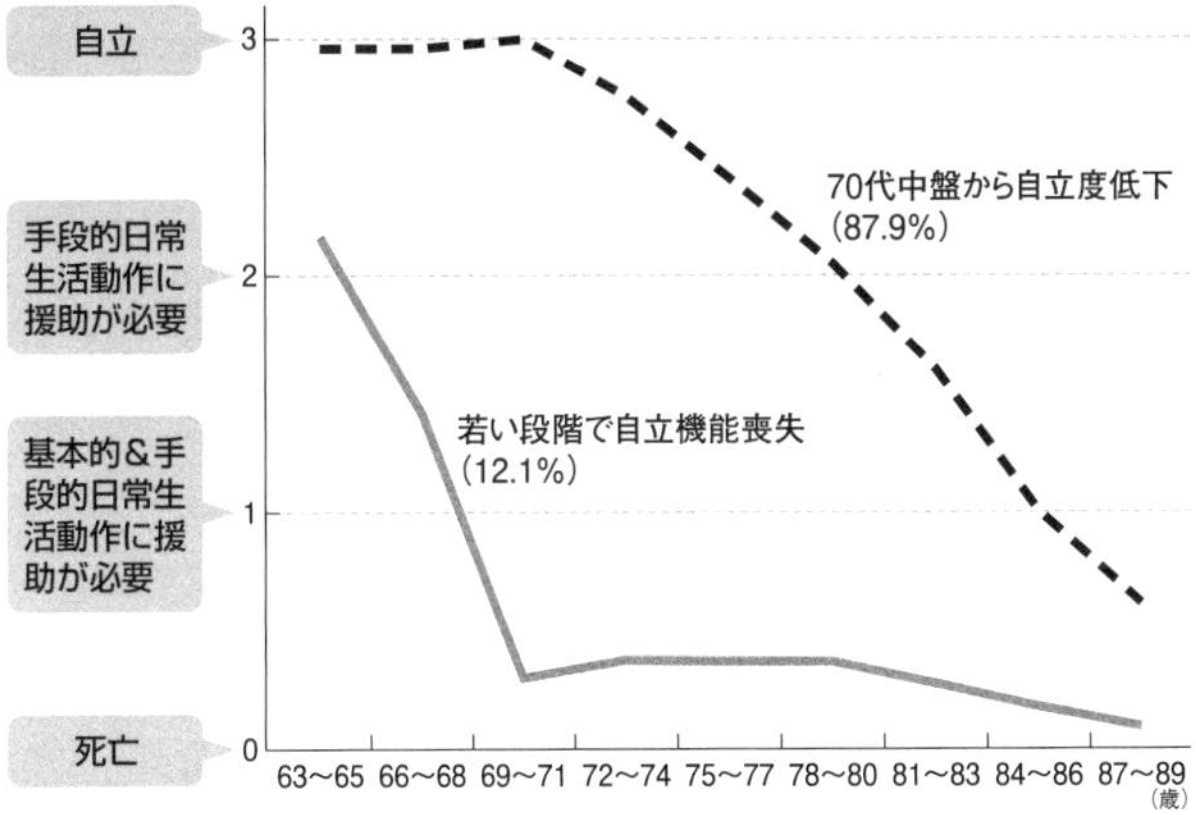

出所：秋山弘子「長寿時代の科学と社会の構想」『科学』岩波書店（2010）

と考えられそうです。

しかしながら、肉体作業の要素が大きな職務では、身体機能の低下が職務品質および労働安全に悪影響を与える可能性があります。職務効率の維持および労働災害の未然防止のためには、職務内容に応じて個々人の体力適性を定期的に観察・診断・確認するだけでなく、就労環境そのものも必要に応じて見直すなど、ジェロントロジーの観点からのリスク管理が必要となります。

特に生産現場における就労環境については、一般社団法人人間生活工学研究センターが作成した『高齢者向け生産現場設計ガイドライン』が参考になるのでぜひご参照ください。

知力でカバーできる記憶力の低下

加齢に伴い、体力だけでなく知力も変化していきます。体力と同じように知力にも様々な能力があり、どのような知的能力が加齢の影響を受けやすく、また、受けにくいのか、科学的な根拠に基づいて把握しておくことが、本書が提唱する雇用ジェロントロジーの考え方です。

それでは加齢に伴う知力の変化について、具体的に見ていきましょう。

図表3－11　流動知能と結晶知能

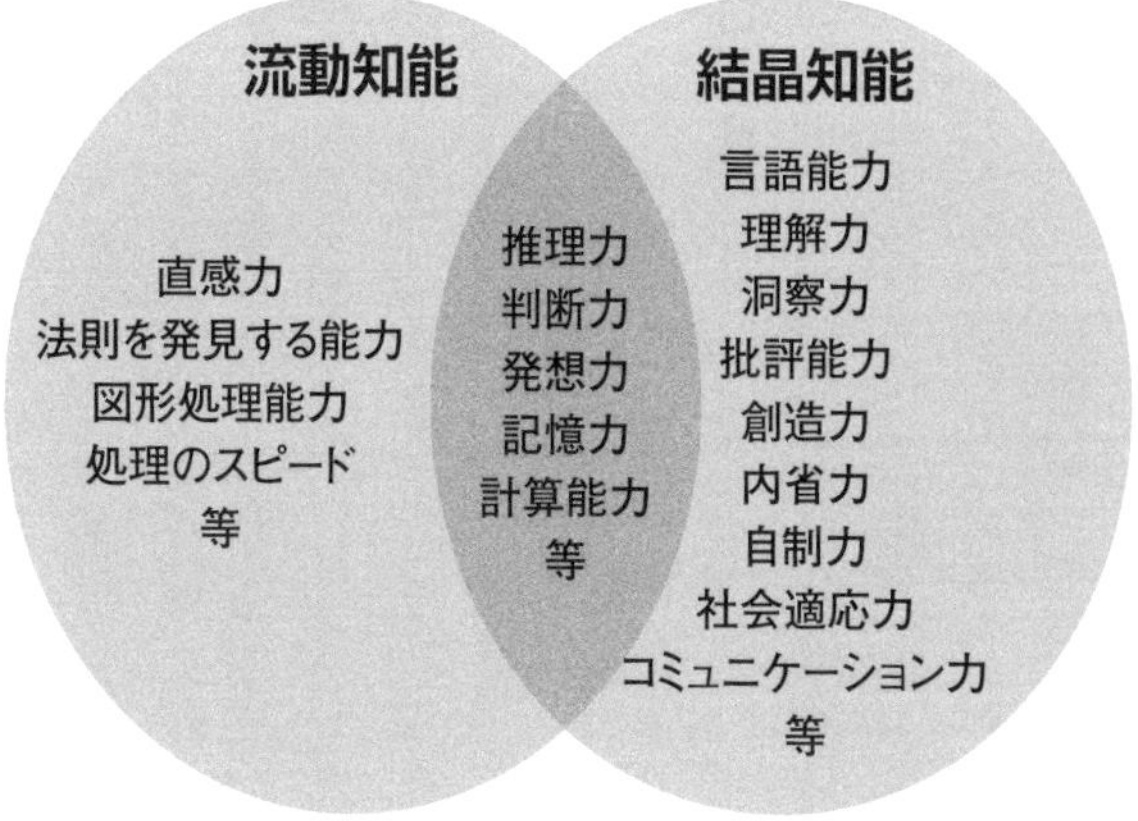

出所：佐藤眞一『「結晶知能」革命』小学館（2006）

1　流動性知能と結晶性知能

知力のベースとなる知能には、**図表3－11**の通り、大きく分けて流動性知能（または流動知能）と結晶性知能（または結晶知能）の2種類があります。これらの内、主に加齢の影響を受けやすいのは前者の流動性知能と言われています。

流動性知能とは、新しいことを覚える、新たな環境に適応するといったことに必要な知能です。何らかの法則を発見する能力や図形処理能力、処理スピードなどもこれに該当します。個人差はありますが、これらは加齢によって低下する傾向にあり、物覚えが悪くなったり頑固になったりする可能性があります。

もう一方の結晶性知能は、蓄えられた知識

や経験を活かして他の状況に応用するための知能です。具体的には、言語能力・理解力・コミュニケーション力などの能力が当てはまります。流動性知能に比べ、結晶性知能は加齢の影響を受けにくい傾向にあります。

ただし、加齢によって知能が低下するとはいっても、まえがきで示したように、流動性知能と結晶性知能のいずれも、60歳代が25歳時点よりも高い水準にあるという研究結果がありま す。それまで右肩上がりで上昇していた知能が60歳前後から衰えていく感覚になるため、「頭の働きが鈍くなった」という体感があるかもしれません。しかし、知能の高さを絶対値で測れば、シニアの知能は自らが20歳代だった頃に負けない水準にあると言えます。

2 記憶機能

先に述べた「流動性知能と結晶性知能のいずれも60歳代は25歳時点よりも高い水準にある」という研究結果に、違和感を覚える中高年の読者もいるかもしれません。その違和感は、主に自らの記憶機能低下の実感によるものではないでしょうか。私自身、物覚えが悪くなってきたと実感しているので、その気持ちは分かります。しかし、記憶機能は知能の一部であり、すべてではありません。知能とは色々な知的能力の総合ですから、記憶機能の低下＝知

図表3－12　記憶の分類

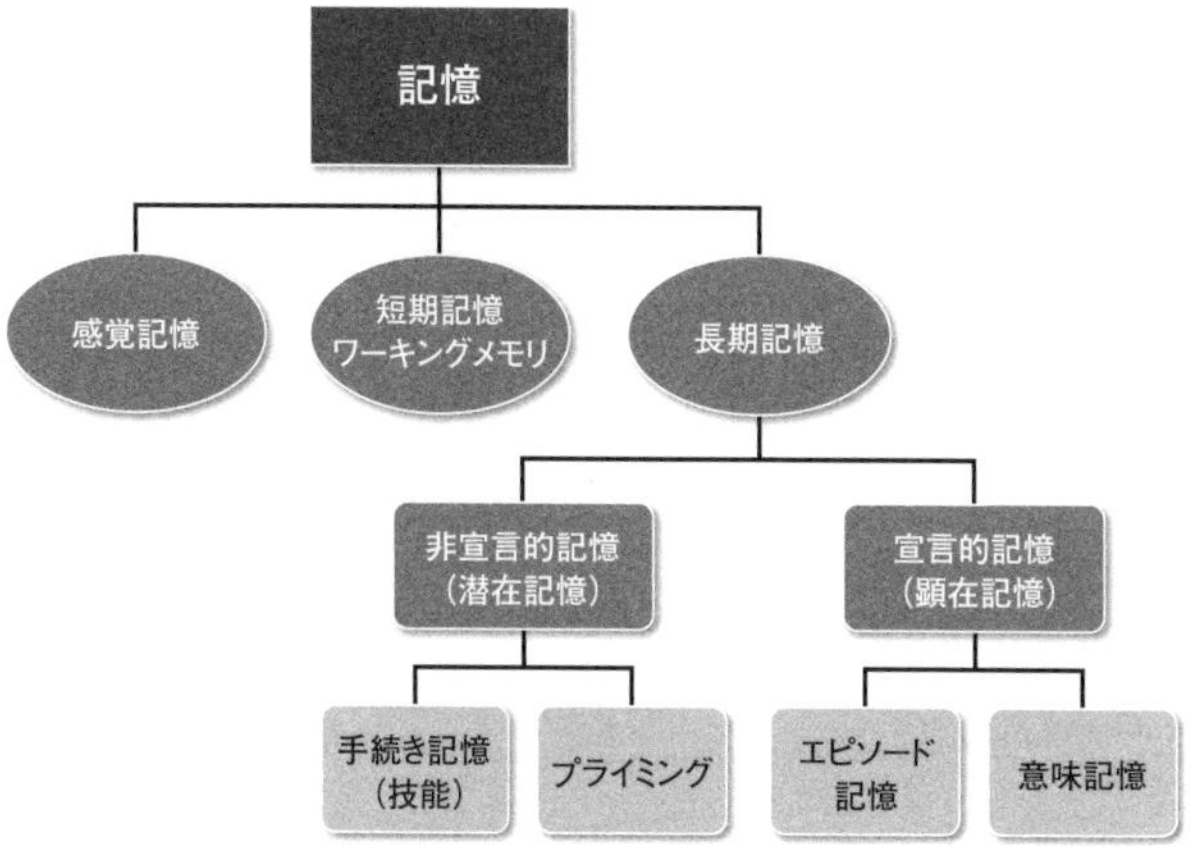

出所：佐藤眞一・高山緑・増本康平『老いのこころ』有斐閣アルマ（2014）

能の低下、と考えるのはナンセンスです。

また、記憶機能そのものについても、年を取ると物覚えが悪くなるという定説には、当たっている面もあれば、当たっていない面もあります。それは、記憶機能にはいくつかの種類があり、加齢によって低下するのは一部の機能に限られるからです。

図表3―12に記憶機能の分類を示しました。これらの記憶機能の内、加齢によって低下する機能は短期記憶を担うワーキングメモリと長期記憶の一部であるエピソード記憶の2つと言われています。

ワーキングメモリは、パソコンの構成部品であるメモリに似た役割を担っています。ワーキングメモリの機能が加齢によって衰えてくると、素早い判断や同時並行の判断など、スピードやマルチタスク、集中力が求められる思考・行動が困難になってきます。

この影響を受ける典型的な例として、自動車の運転があげられるでしょう。自動車の運転には素早くかつ同時並行の判断・動作に集中することが求められます。そのため、高齢者になると自動車を安全に運転することが難しくなる傾向があります。

また、長期記憶の一部であるエピソード記憶は、その言葉が示す通り「いつどこで誰が何をした」という特定の事象に関する記憶です。例えば、一昨日の昼食はどこで何を食べたのかなど、出来事に関する具体的な記憶のことです。

このエピソード記憶機能が加齢によって低下していく一方で、同じ長期記憶でも、意味記憶や手続き記憶といった機能は維持される傾向にあります。意味記憶とは一般的な知識・概念・情報などに関する記憶であり、手続き記憶は何らかのプロセスの進め方・ノウハウ・コツなどに関する記憶です。

一昨日の昼食に、近所のコンビニエンスストアで電子マネーを使って購入したカレーライスを、自宅で食べたとしましょう。そういった出来事に関するエピソード記憶は加齢によって薄れがちです。しかし、カレーライスとはどういうものなのかという意味記憶や、電子マネーの使い方といった手続き記憶は薄れにくいのです。

加齢に伴う知力の変化、特にワーキングメモリの機能低下の影響により、スピーディな判断・意思決定が必要な職務、同時並行のマルチタスク処理が求められる職務は、シニアに向いているとは言えません。また、これまでの知識・能力・経験の蓄積が通用しない異文化への適応や、未知の分野の開拓または人脈作りなどは、シニアにとって苦痛を伴うことが多いでしょう。逆に捉えれば、そういった特徴を持つ職務を除けば、知力の変化によるシニアの就労へのマイナス影響は軽微と考えられます。

従って、シニアの活躍を知力の観点から最大化するためには、加齢による影響を受けにくい結晶性知能や意味記憶・手続き記憶の活用が鍵になります。

具体的には、個々のシニアが社会人人生の中で身に付けてきた知識・能力・経験を十分に活用できる職務に従事してもらうことが有効であり、過去からの積み重ねが生きてくる経験曲線効果の高い分野の職務であれば、若手以上の活躍も期待できるでしょう。当たり前と言えば当たり前のことではありますが、実際にシニアの多くをそういった職務で十分に活かしている、と胸を張れる企業は少ないのではないでしょうか。その理由は、多くのシニアがエンプロイアビリティ（労働市場において雇用価値のある職務遂行力）のある知識・能力・経験を蓄積できていないからです。

シニアになってから新たな技能を身に付けることは、無理とは言わないまでも相当な苦労を伴い、時間も要します。社員一人ひとりに対し、若い頃から自分は将来どんな分野でエンプロイアビリティのある人材になりたいのかを意識させ、キャリア形成を自分事として取り組ませる長期的な対策が、シニアとしての活躍の前提になります。

年を重ねると性格が丸くなる？

雇用ジェロントロジーの考え方から、ここまで体力と知力の加齢変化について見てきました。しかし、体力と知力がいかに優れていたとしても、心、つまりモチベーションやマインドが加齢によって冷えてしまうと、職務遂行を通じた満足な成果は期待できません。その意味では、心の変化は体力・知力以上に影響が大きいと言えます。心が加齢によってどのように変化するかを把握しておかなければ、シニアに良い仕事をしてもらうのは困難でしょう。

1　心の高齢化

加齢に伴って身体が老いてしまうように、心もまた老いていきます。スタンフォード大学の心理学教授、カーステンセンが提唱する「社会情動的選択性理論」という学説では、人間の心には「若い心」と「老いた心」の２種類があり、心が老いることによって物事への関心事が変化していくとされています。

具体的には、若い心を持つ人は、「何を新たに獲得できるか」という「ゲインの最大化」に関心を持ちます。そのため、未知の人々との交流を厭わず、好奇心旺盛に未経験の物事にチャレンジすることを好みます。

一方で、老いた心を持つ人は、「どのようにして現状を保つことができるか」という「ロスの最小化」に関心を持ちます。既に獲得したものをなるべく減らさないように行動し、失敗のリスクがある挑戦を避け、慣れ親しんだ人脈・経験の範疇から外に出ない傾向にあります。

人材育成に携わったことがある読者であれば、「７：２：１の法則」という言葉をご存知かもしれません。社会人の学びの源泉は、７割が業務そのものの経験、２割が上司や同僚からの指導・アドバイス、そして１割が研修・自己啓発にあるという法則です。日本企業の多くは、人材育成の中心にＯＪＴを据えていることが多いですが、狭義のＯＪＴである上司からの指導の効果は全体の２割未満に過ぎません。実際の学びの源泉の大部分は業務経験からの気付きにあります。ただし、毎日毎日同じ仕事を続けているだけでは、新たな気付き、学びを得る機会はそれほど多くありません。ゼロの状態から一を生み出すプロジェクト、高い目標達成への果敢な挑戦、大失敗から巻き返した逆転劇など、いわゆる修羅場経験こそ、良質な気付きを得て社会人が大きく成長する、つまり一皮むけるチャンスです。

この法則を心の高齢化に当てはめると、若い心を持つ人は、それだけ修羅場を経験することが多くなり、成長の機会が増えます。反対に、老いた心を持つ人は慣れ親しんだ仕事・方法に固執するため、学びもそれだけ少なくなってしまいます。心の高齢化は、社員の成長に関わる大問題なのです。

ただし、心の高齢化は、何歳で若い心から老いた心に変化していく、という類のものではありません。早い人であれば30歳代であっても心は老いてしまいます。逆に、70歳でも80歳でも心が若く、新たなことに関心を持ち続ける人も数多くいます。自らの人生において、これから先にどのような機会があるかを前向きに考える人、すなわち未来への展望を持つ人は、若い心を保ち続けることができます。コップの半分まで減った水を、「もう半分しかない」と思うか、「まだ半分もある」と思うか、という意識の違いと言ってもいいでしょう。つまり、若い心を保ち続けられるかどうかは「気の持ちよう」と言えるため、シニアの動機付け

図表3－13　性格因子と加齢の影響

因子	内容	加齢の影響
外向性	バイタリティ、前向きな感情、人懐っこさ	低下
経験への開放性	新しい物事への関心、多様性の受容	
神経症傾向	不安感、敵意、衝動性	向上
誠実性	真面目さ、丁寧さ、慎重さ、責任感	
調和性	共感性、許容性、謙虚さ	

出所：筆者作成

施策が重要になってくるのです。

2　加齢による性格の変化

心の高齢化だけではなく、加齢に伴って個々人の性格も次第に変化していきます。**図表3－13**をご覧ください。人間の性格を心理学的に分析する際の5つの因子（いわゆるビッグファイブ理論）として、「外向性」「経験への開放性」「神経症傾向」「誠実性」「調和性」がしばしば用いられます。これら5つの内、「外向性」と「経験への開放性」の2つが加齢によって低下するという研究結果があります。簡単に言うと、「年を取ると頑固になる」ということです。

特に外向性について、日本人男性中高年の

場合、周囲から声をかけづらい雰囲気を無意識に出していることが非常に多いです。普段から笑顔を作る努力をするだけでも、外向性の低下は抑えることができます。心当たりのある年配読者は、意識して口角を上げるよう心がけてみてください。

一方で、「神経症傾向」「誠実性」「調和性」については、70歳前後までは向上し続ける傾向にあるそうです。これも簡単に言いますと、「性格が丸くなる」という変化です。昔は過激な発言を繰り返していた人が、年を取るにつれてマイルドになってきたという事例を見聞きしたことがあると思います。

また、『論語』に「四十にして惑わず」「六十にして耳順《みみしたが》う」とありますが、この変化とある程度の親和性があるのではないでしょうか。これらの性格変化の傾向をシニアに自覚させ、自らの仕事の進め方やマネジメントのあり方を見直してもらうことによって、シニア本人と周囲の同僚との人間関係の改善が期待できるでしょう。

シニア読者の皆さんの参考までに、「外向性」「神経症傾向」「誠実性」の3つは高齢者の死亡率と関係している、という研究結果もあります。つまり、細かいことは気にせず、前向きに誠実に暮らしている人ほど、長生きしやすいと言えるのです。

3　ストレス耐性の変化

人間の心身は、自律神経・内分泌・免疫の3つの機能がバランスを取ることで、外部環境の変化、すなわちストレスに対し、内部環境を健康な状態に維持しようとします。そして、これら3つの機能はいずれも加齢に伴って低下する傾向にあります。そのため、シニアのストレスに対する抵抗力は、若い頃に比べて徐々に衰えていくことになります。

読者の皆さんは、シニアよりも若者のほうが打たれ弱いというイメージをお持ちかもしれません。私も、「最近の若い者は」と愚痴をこぼしたくなることはあります。しかし、医学的に見れば、若者よりもシニアの方がストレスには弱いのです。

また、3つの機能の内、免疫機能の低下は、ストレス耐性だけでなく、感染症などの疾患にも悪影響を及ぼします。シニアになるとちょっとしたことで体調を崩しやすくなるのです。同様に、時間的に不規則な生活からの疲労回復も、加齢によって遅くなる傾向にあります。そのため、昼夜交替勤務や頻繁な海外出張などはシニアに向いているとは言えません。

職務に対する影響という意味では、心の変化のインパクトは、体力や知力以上に大きいものです。心の老化や性格のネガティブな変化を抑止するには、シニアになる前のかなり若い頃から対策が必要です。

残念ながら、日本企業には、社会人としての未来への展望を失った中高年が数多くいます。そういった人材の大半は心が老いています。彼／彼女らの職務における関心事は「ゲインの最大化」から「ロスの最小化」に移行し、その結果、現状維持重視あるいは保身的な思考・行動を取ることが多くなります。

心が老いた社員が重要な役職や役割を担っている場合、組織的な戦略推進・変革遂行のブレーキ役になりかねません。こういった社員の存在は周囲の若手層への悪影響が大きいため、1人の社員によって組織全体が停滞ムードに陥ってしまうことすらあり得ます。

また、加齢に伴う性格の変化も軽視できません。「外向性」や「経験への開放性」といった性格因子が衰えると、職務において過去の成功体験に固執し、新たな考え・方法・アイデアを受け入れられず、環境変化に適応できなくなるようになります。

さらにはそういったシニアに対して思考・行動の変容を強く求め過ぎると、ストレス耐性の低さからメンタル不調や体調不良につながるリスクがあるので、無理強いも禁物です。

社員の心を若く保つためのポイントは、未来展望です。具体的には、40歳前後から社会人としての未来展望を抱かせ続けるよう、自律的なキャリア形成を社員に促すことが極めて重要なのです。

第3章のまとめ：雇用ジェロントロジーに基づくシニア活用に向けて

本章でみてきた、加齢に伴う体力・知力・心の変化、低下しがちな心身機能、またそれらによって悪影響を受けると想定される職務の特徴を一覧化したのが**図表3－14**です。ただし、すべてのシニアの心身が同じようなタイミング、スピードで機能低下していく訳ではありません。例えば、公益社団法人日本マスターズ陸上競技連合の公表データによると、65歳男性の１００メートル走日本記録（２０１９年9月現在）は12・７２秒です。正直、私の20歳代当時よりも速いタイムです。この記録に自信をもって勝てると言える読者は少ないのではないでしょうか。もちろんこれは極端な例ですが、加齢に伴う心身の変化には少なからず個人差があります。

そのため、加齢によってどういった心身機能が低下する傾向にあるかを念頭に置き、その上でシニア一人ひとりの心身の状況を見極め、本人の意向を確認したうえで具体的な職務付与を決定することが、雇用ジェロントロジーに基づくシニア活用と言えます。そうすることによって個々のシニアが有する知識・能力・経験や就労制約などの条件に

図表3－14　加齢による悪影響が想定される職務の特徴

<table>
<tr><th></th><th>低下する機能</th><th>悪影響が想定される職務の特徴</th></tr>
<tr><td>体力</td><td>●持久力
●下半身筋力
●敏捷性
●動体視力
●周辺視野
●暗視力
●騒音下での聴力
●平衡感覚
●疲労回復
●免疫機能　など</td><td>□ 長時間の連続勤務を伴う
□ 重量物の持ち運びを伴う
□ 立ち仕事が続く
□ 素早い動き・反応が求められる
□ 動く物体の目視による判断が必要
□ 薄暗い中での作業が必要
□ 騒音下で会話を伴う
□ 高所・不安定な足場での作業
□ 昼夜交替勤務を伴う
□ 就労時間が不規則
□ 目標達成のプレッシャーが強い
□ ストレス因子が多い　など</td></tr>
<tr><td>知力</td><td>●流動性知能
●短期記憶
（ワーキングメモリ）
●エピソード記憶　など</td><td rowspan="2">□ スピーディな状況判断が求められる
□ 思い切った意思決定・決断が求められる
□ 並行処理的な思考・行動が求められる
□ 異文化への柔軟な適応、多様な価値観の受容が求められる
□ 過去からの経験・知見・スキルが通用しない
□ 慣れ親しんだ思考・行動様式を変える必要がある
□ 未知の分野での人脈作りが必要
□ 人当たりの良さが求められる　など</td></tr>
<tr><td>心</td><td>●外向性
●経験への開放性
●ストレス耐性　など</td></tr>
</table>

出所：筆者作成

マッチした職務をモチベーション高く担ってもらうことができ、会社とシニア本人の双方が心から喜べるシニア雇用を具現化するための第一歩になるのです。

　また、蛇足かもしれませんが、一般社員に限らず、経営役員層についても、加齢によって職務遂行に問題が生じてくる可能性があることに注意が必要です。むしろ、経営役員層の方が企業経営に与えるインパクトは大きいため、コーポレートガバナンスの徹底によって、役員人材マネジメントを有効に機能させることが肝要です。

第4章

失敗しない定年延長

欧米で定年延長が社会問題にならない理由

第４章では、理想的な定年延長の姿について論じていきたいと思います。小手先の定年延長ではなく、あるべき姿を読者の皆さんと共有するのが、本章の趣旨です。

グローバル人事に携わったことがある読者であればピンとくると思いますが、定年延長がこれほどまでに社会問題になるのは日本くらいではないでしょうか。日本におけるシニア雇用の現状や定年延長に関して、欧米諸国の人事マネージャーと話をすると、皆一様に不思議そうな顔をします。シニアを雇用することがなぜそこまで問題視されるのか、という素朴な疑問を抱くようです。

私も世界中のすべての国々の人材マネジメントに精通している訳ではありませんが、欧米の先進国では、シニア雇用や定年延長はそこまで問題視されていません。社会全体の高齢化が日本ほど進んでいないというのも理由の一つかもしれませんが、大きな理由は別にあります。それは雇用差別に対する考え方が根本的に異なるからです。

具体的には、欧米の先進諸国では、人種・性別・年齢などによる属性差別のない雇用が徹底されています。特に米国においては、年齢差別が人種差別・性差別と並ぶ三大差別の一つとして扱われています。

日本人の場合、「定年退職」という言葉の響きから「山田課長、長い間お疲れ様でした！」という職場メンバー全員からのねぎらい&花束贈呈といったような、どことなくノスタルジックな場面が想起されるかもしれません。しかし、米国流に定年退職を解釈すると、定年退職＝「実力に関係なく60歳になったら強制解雇する仕組み」ということになります。つまり、定年退職制度そのものが年齢差別として禁止されているのです。

では、シニア雇用が問題視されない欧米諸国では、社員を何に基づいて雇用しているのでしょうか。

その主な基準となるのは「職務要件」です。企業は個々のポジションについて、職務遂行に必要な知識・能力・経験などを職務要件として明文化します。そして、この要件を満たす人材を雇用・登用し、職務の価値に応じた処遇で報います。当然ながら、人種・性別・年齢や扶養家族の有無などは処遇に関係ありません。それらは職務遂行に必要な知識・能力・経験とは何の関係もないからです。いわゆる職務主義の人材マネジメントであり、昨今ではジョブ型雇用と呼ばれることが一般的です。

つまり、年齢に関係なく、ある職務について、その遂行が可能な人材を、職務に見合った処遇で雇用・登用するので、シニア雇用や定年延長が問題になりようがないのです。諸外国の人事マネージャーが、日本におけるシニア雇用の現状や定年延長に関して不思議そうな顔をするのはこのためです。

キリスト教由来の米国型グローバルスタンダード

資本主義におけるビジネスの枠組みの多くが、米国の商慣習由来でグローバルスタンダード化されていることに根本的な異論はないと思います。多くの国々で職務主義の人材マネジメントまたはジョブ型雇用が主流になっているのも実例の一つです。

では米国企業が職務主義の人材マネジメントを行っているのはなぜでしょうか。私はそのルーツが、実はキリスト教にあると考えています。定年延長と直接的な関係はありませんが、人事に携わる方であれば知っておいてほしいので、本節で簡単に紹介します。いきなり宗教の話が出てきますが、身構えずに気楽にお付き合いください。

きっかけは、15世紀の活版印刷技術の発明まで遡《さかのぼ》ります。第2章で少し触れた、現在のドイツにあたるマインツ出身のヨハネス・グーテンベルクによる発明です。この技術により、キリスト教の聖典である聖書の大量印刷が可能となりました。それまで教会と一部の富裕層だけが保有していた聖書が、庶民の手に届きやすくなったのです。

さらに、同じく現在のドイツにあたる地方で起きたのが、マルティン・ルターによる宗教改革です。ルターは聖書中心主義を提唱し、１５２２年にルター聖書を発刊。免罪符の発行・販売によって私腹を肥やしていた当時のローマ教会に異を唱えました。「異を唱える」＝英語で言う「プロテスト」であり、これがプロテスタントと呼ばれるキリスト教派の語源です。活版印刷技術の発明なくして、ルター聖書の発刊はありませんでした。

その後、宗教改革者のジャン・カルヴァンが唱えたのが「予定説」であり、その後の資本主義発展のベースになったと言われています。その理由を以下にまとめます。

「予定説」が資本主義のベースと言われる理由

●神によってヒトが救済されるか否かは予《あらかじ》め決まっている
●事業に励み、成功して利潤が得られるのは、神に認められている証拠であり、そのことによって自分が救済されるであろうと実感できる
●一方で、聖書では地上での富の蓄積が禁じられている
●従って、成功して得た利潤を貯めこむことなく、新たな事業に投資し、更なる成功を模索しなければならない

資本主義に関するこの考え方は、ドイツの社会学者であるマックス・ヴェーバーが１９０４～５年に発表した『プロテスタンティズムの倫理と資本主義の精神』にも表れています。グローバル人材にとって必読の書籍の一つですので、未読であれば、是非手に取ってみてください。

そして、プロテスタントを中心とするキリスト教の考え方は、英国のピューリタン（プロテスタントの一派）であるピルグリム・ファーザーズの新大陸移住を皮切りに、欧州からのプロテスタント移民によって北米に浸透していきました。その子孫はＷＡＳＰ《ワスプ》（ホワイト・アングロ‐サクソン・プロテスタントの略）と呼ばれ、その後の米国発展の中心となります。

ここまで、プロテスタントが米国へ広がっていった経緯をざっくりと簡単に紹介しました。プロテスタントでは聖書のみが神の啓示とされています。ご存知の通り、聖書には旧約聖書と新約聖書があります。誤解している方が少なくないのですが、旧約・新約の「約」は、翻訳の「訳」ではなく、契約の「約」です。つまり、聖書は神と人間との契約であり、何があっても守らなければならない約束なのです。

聖書で結んだ神との契約は、当然、ビジネスにおいても守る必要があります。天地創造・終末思想・最後の審判・隣人愛などの聖書にある教えは、米国の企業経営に大きな影響を及ぼしました。その一つが契約主義です。ビジネスのあり方について、目的・目標・コスト・進め方・スケジュール・付帯事項などを詳細に文書化し、関係組織・関係者間で事前合意すべしという考え方です。

契約主義は雇用においても徹底されました。雇用が必要な個々のポジションについて、その職務内容を詳細に文書化することが当たり前とされたのです。具体的には、職務の役割・責任・権限および職務遂行に必要な知識・能力や経験などを明確にすることが一般的となり、これがジョブディスクリプション（職務記述書）と呼ばれるようになりました。

このジョブディスクリプションに基づいて職務価値が算定され、職務価値の大きさに応じて賃金などの処遇が決定されます。従って、人材よりも先にポジションありきであり、そのポジションを担える人材と個別の労働契約を結ぶことこそが雇用なのです。人材を採用した後で配属する部署を決めるといったことは想定されておらず、そこに個人の年齢や家族構成などが入り込む余地はありません。

少し話が長くなりました。以上が、キリスト教、特にプロテスタントが米国企業の商慣習に影響を与え、職務主義の人材マネジメントがグローバルスタンダードとして広がっていった理由と考えられます。

図表４－１　日本企業における賃金水準と職務価値のアンバランスな関係

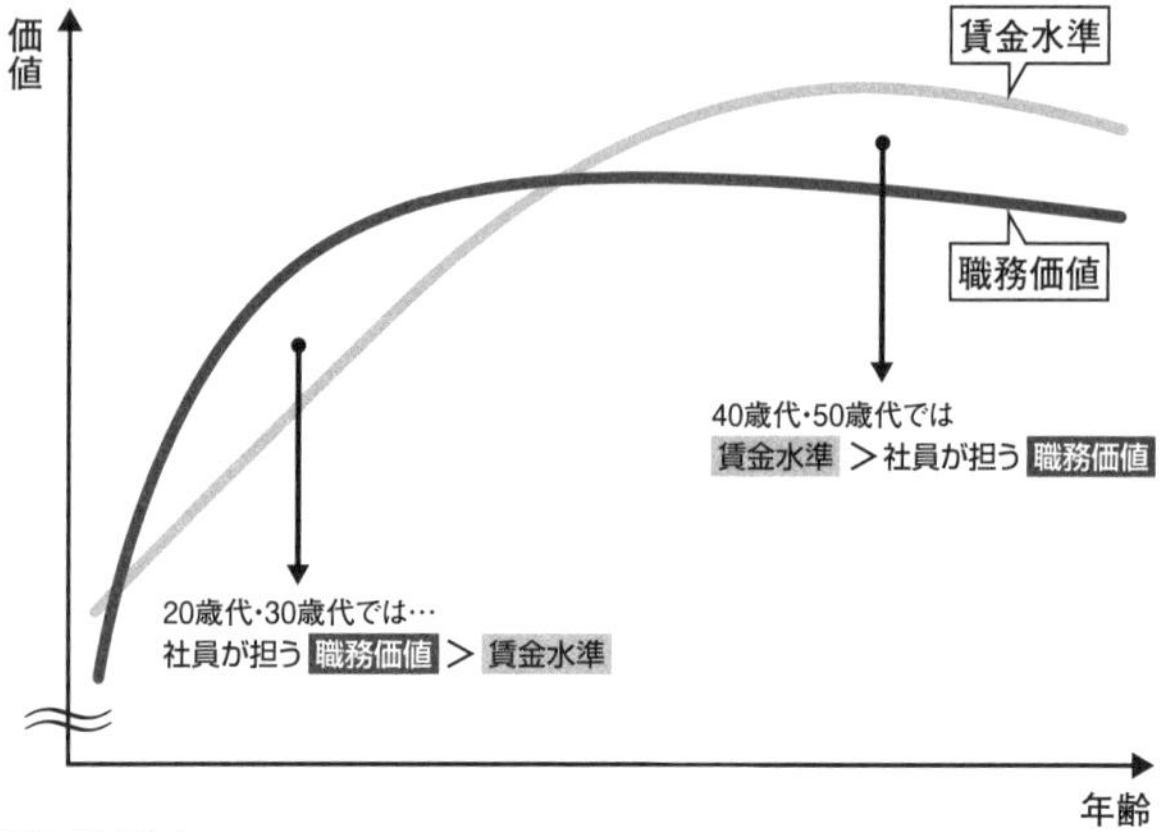

出所：筆者作成

定年延長のあるべき姿

　欧米諸国、特に米国におけるシニア雇用の考え方、そして職務主義のジョブ型雇用が世界に広がった理由について簡単に紹介しました。相対的に、日本的な雇用との大きな隔たりから、日本における定年延長の問題の本質が見えてきます。それは**図表４－１**に模式化した通り、終身雇用の中、日本企業における40歳代・50歳代社員の賃金水準が、彼／彼女らの担う職務の価値を上回ってしまっていることにあります。

　あえて厳しい言い方をしますと、40歳代・50歳代の多くの社員の賃金水準は、企業にとって不良債権の状態にあるのです。そして定年延長とは、この不良債権を継続保有することを意味しており、経営にとってマイナス以外の何物でもありません。

本書のこれまでの内容を勘案し、私が提唱する「定年延長のあるべき姿」をここで定義付けておきます。

定年延長のあるべき姿

①会社がシニアに期待する職務をリスト化し、職務内容・要件を明示する
②個々の職務について、その客観的価値に基づく適正な処遇水準を設定する
③個々の職務に最適なシニアを配置する
④シニア一人ひとりの働きぶり・成果に報いる

以上のように、「定年延長のあるべき姿」は４つの要素から構成されます。また、これらはそのまま、あるべき姿の実現に向けたステップにもなっています。

職務価値に見合った処遇でシニアを雇用することができれば、会社にとってもシニア本人にとっても損得は発生しません。個々のシニアが有する知識・能力・経験にマッチした職務

をモチベーション高く担ってもらうことができれば、会社とシニア双方が心から喜べる雇用になるでしょう。シニア一人ひとりの処遇が担う職務の価値に見合ってさえいれば、定年退職年齢が70歳になろうと、80歳になろうと、または定年退職制度そのものを廃止しようと問題ないのです。このあるべき姿は第3章で提唱した雇用ジェロントロジーの考え方にも基づいています。

では、ここから定年延長のあるべき姿の実現に向けた4つのステップについて、詳しく紹介していきます。

①会社がシニアに期待する職務をリスト化し、職務内容・要件を明示

定年延長のあるべき姿の実現に向けて、読者の皆さんと最初に擦り合わせておきたい、重要な前提があります。それは「職務（ポジション）に合わせてヒト（シニア）を配置する」という考え方です。「ヒトに合わせて職務を付与する」という考え方ではありません。

適材適所という言葉がありますが、定年延長のあるべき姿では優先順位が逆転し、実現すべきは適所適材になります。日本的な人材マネジメントにどっぷり浸かっていると認識の切り替えが難しいところではありますが、まず職務（ポジション）ありき、ということです。

図表4－2　定年延長の実施目的例

1	人手不足の解消（定型的職務）
2	人手不足の解消（専門職）
3	人手不足の解消（管理職）
4	知識・技術・ノウハウの伝承
5	シニアのモチベーションアップ
6	企業ブランディング

出所：筆者作成

従って、会社がシニアにどのような職務を期待しているのか、その具体的なポジションをリスト化することが、あるべき姿の実現に向けた最初のステップになります。その際には、第3章で紹介した雇用ジェロントロジーの考え方が有効です。また同時に、会社がシニアに期待するポジションのリスト化は、自社における定年延長の目的（**図表4－2**参照）、そもそも何のために定年延長を行うかを具体化する作業とも言えます。

例えば、自社内に30歳代から40歳代の社員を中心とする管理職候補人材が足りない場合、その充足のために、部長・課長といった管理職がシニアに期待するポジションとしてリストに含まれるでしょう。逆に、マネジメント

図表4－3　シニアに期待するポジションに関する明示項目例

職務内容	人材要件
●ポジション名 ●直属上司ポジション名 ●主な役割と責任・権限 ●想定される職務課題 ●成果を測る業績指標とその目標値 ●主なコミュニケーション相手（社内・社外） ●勤務地・勤務形態 ●出張の有無・頻度（国内・海外）	□ 職務遂行に必要な専門知識の広さ・深さ □ 職務遂行に必要な能力とそのレベル □ 職務遂行において重視される思考・行動とそのレベル □ 職務遂行の前提として求められる経験（Must/Want）

出所：筆者作成

の若返りを図りたいのであれば、管理職ポジションはリストから除外され、リストの中心は専門職ないしは定型的職務のポジションが占めます。また、シニアが有する知識・技術・ノウハウを次世代に伝承するという目的があるなら、管理職の補佐役やアドバイザー、社内研修講師といったポジションがリストに掲載されることになるでしょう。

そして、個々のポジションについて、職務内容および職務遂行のための人材要件を明確にする必要があります。その際、ステップ②以降の取り組みに鑑み、**図表4－3**の内容を明文化することが一般的です。

また、シニアに期待するポジションのうち、リストに挙がることの多い研修講師について補足します。端的に言いますと、研修講師をシニアに任せるときには注意が必要です。なぜなら、講師を担うシニアの知識・技術・ノウハウは、20年ほど前に習得したものであることが多いからです。それらを次の20年に活躍が期待される若手に教えることは、時代の進化に合わせた業務プロセス変革にブレーキをかけてしまう可能性があります。従って、シニアに研修講師を任せるときはその意義を慎重に検討の上、若手も交えて研修の内容や方法を企画し、進める必要があるでしょう。

②個々の職務について、客観的価値に基づく適正な処遇水準を設定

ステップ①でリスト化し、職務内容と要件を明示した個々のポジションについて、その職務価値を客観的に評価していきます。先ほど、定年延長のあるべき姿の実現に向けた前提として、「職務（ポジション）に合わせてヒト（シニア）を配置する」という考え方を紹介しました。２つ目の前提がこの「シニアが担うポジション一つひとつの職務価値を点数化する」という考え方であり、これを職務評価といいます。

日本には、「職業に貴賤なし」という言葉があります。一般的には「どのような職業も人々の生活に欠かせないものであり、この職業が貴い、この職業は賤しいといった上下はない」と解釈してよいでしょう。直接的な影響ではないかもしれませんが、日本企業においてはこの言葉に基づくと言ってもいいような人材マネジメントが行われています。例えば、同じ社員属性であれば、営業・経理・技術といった職務内容を問わず、基本的には同じ賃金制度で遇されていることでしょう。その一方で、職務に直接的な関係のない社員属性では、あたかも貴賤または上下があるような処遇差が設けられています。例えば、正規社員と非正規社員の差、年齢による差、扶養家族の有無による差などです。

このパラダイムを大きくひっくり返すのが、ステップ②で行う職務評価です。職務評価によって個々のポジションの職務価値を点数化し、点数に応じて報酬水準を設定するという方法です。

では、どのように個々の職務の価値を点数化するのか。手法は様々ありますが、大きく分けると、インプット・プロセス・アウトプットの3つの視点で評価するのが一般的です。

職務評価の3つの視点

インプット：職務を円滑に遂行するために必要となる知識・経験や組織の広さ・深さ

プロセス：職務を遂行する際に直面する問題の特性および解決の難しさ

アウトプット：職務遂行の結果として期待される業績の規模および達成責任の大きさ

端的に言いますと、そのポジションを担うためにはどういったインプットが必要で、そのインプットを使ってどのようなプロセスで問題を解決し、どの程度のアウトプットを生み出すのか、という評価視点になります。

実際に私がクライアント企業における職務評価を支援する場合には、**図表4－4**の通り、先ほどの3つの視点をさらに3つずつの項目に分け、奥行きのある立体的な評価をするようにしています。

また、職務評価のポイントは評価結果に対する関係者の納得性にあります。従って、評価のための情報収集にあたっては、社内の職務権限規程などの資料・ルールを確認するだけではなく、対象ポジションの現職者および上司へのアンケートやインタビューも実施する必要があるでしょう。職務評価のプロジェクトメンバーがそれらの情報に基づいて暫定評価を実施し、評価結果の妥当性を役員クラスに確認してもらうことも有効です。場合によっては、社長を含む役員クラスに、職務評価委員会メンバーとして一堂に会してもらい、すべてのポジションの横並びを確認の上、委員会として職務評価結果を確定する必要があります。

図表4－4　職務評価視点・項目の例

評価視点	評価項目		評価レベル数
I. インプット評価	専門性　：求められる知識・スキル・人脈	高さ	8レベル
	組織規模：統率する組織の大きさ	幅	6レベル
	多様性　：担う職種の同質・異質度合い	奥行	4レベル
II. プロセス評価	思考深度：職務に関する思考掘り下げの前提	深さ	8レベル
	思考創造：直面する問題の新規性	幅	6レベル
	交渉難度：問題解決のために他者を巻き込む難しさ	奥行	4レベル
III. アウトプット評価	裁量性　：職務における行動の自由度	高さ	8レベル
	業績規模：職務業績を測るのに最も適したKPI※金額の値（年間）	幅	6レベル
	責任性　：業績に対する責任の大きさ	奥行	4レベル

出所：筆者作成

※KPI＝重要業績評価指標

　そういった職務評価および妥当性検証の際、常に留意すべきは、評価対象はあくまでポジションであり、ヒトを評価している訳ではない、ということです。この留意点を職務評価のプロジェクトメンバーだけでなく、妥当性検証を行うメンバーにもしっかりと認識してもらう必要があります。これを怠ると、ポジションの職務価値を評価しているはずなのに、いつの間にか「鈴木君はよく頑張っている」とか「佐藤さんが山田君より点数が低いのはおかしい」といったように、現職者に対する評価にすり替わる危険性があります。

　日本企業において、社内の各ポジションの職務内容がジョブディスクリプションなどで明文化されていることはほとんどありません。

新卒採用および長期雇用によって、社員の多くが長期間勤続していることを背景に、ポジションの職務内容は現職者の能力の優劣などによって暗黙的に決まるからです。それがゆえに、職務評価が往々にして人物評価になってしまうのです。職務評価においては、現職者の能力は一切加味せず、職務内容＝当該ポジションに任用される標準的人材に期待される役割と考えるべきなのです。特に、現職者がローパフォーマーまたはハイパフォーマーの場合には、現職者の働きぶりに評価が左右されないよう、注意が必要です。

こうした職務評価によって、シニアに期待するポジションの職務価値を点数化した後、点数に応じて個々のポジションに対する等級格付けを行っていきます。そしてこの等級に基づいて、労働市場に比して適正な報酬水準を設定することで、会社とシニア双方にとって妥当な処遇を実現することができます。

③個々の職務に最適なシニアを配置

ステップ①と②を通じて、会社がシニアに期待するポジションとその職務内容・要件および処遇を明確にした後は、ステップ③で個々のポジションに誰を配置するかを決定します。

決定方法としては、空席ポジションを社内公募にかける方法、会社側から候補者に直接的ないしは間接的に打診する方法などがあります。その方法は、各社の状況に応じて選択すべきですが、いずれの場合においても、最適な人材配置の決定に必要な情報を会社がどこまで把握しているかが問われます。

タレントマネジメントという言葉が日本企業にもすっかり定着した感がありますが、読者の皆さんの企業では、人材配置に使える情報を十分に収集・管理できているでしょうか。所属異動歴や人事考課歴だけでなく、個々の社員が有する知識・能力・経験、３６０度評価結果、各種適性検査結果、キャリアに関する本人の意向、就労上の制約条件など、多岐にわたる情報を必要に応じて抽出・分析できる形で蓄積しておくことが重要です。

また、就労上の制約条件について少し補足します。第３章で紹介した通り、加齢に伴って社員の体力・知力・心は変化していきますが、個々人でその度合いが異なるため、就労上の制約条件にはバラつきが出ます。特に、体力面での制約については、バリアフリーの職場環境・作業環境整備などの配慮が必要になります。また、本書で提案した雇用ジェロントロジーの観点から留意すべきは、男性の約２割、女性の約１割が60歳代で自立的な職務遂行が困難になるというデータ（第３章の**図表3―9**および**3―10**参照）です。そして、シニア本人の自立レベルに加え、その配偶者や家族が要介護状態になる可能性も考慮する必要があります。

従って、個々のシニアの就労制約に応じた勤務形態として、従来からのフルタイム勤務やフレックスタイム制だけでなく、短時間勤務、週5日未満の勤務、在宅勤務など、社員の多様な制約条件に柔軟に対応できる、サステイナブルな勤務時間制度を整える必要があると言えます。

さらに、勤務時間だけでなく、転居を伴う異動、いわゆる転勤の有無についても希望選択できるようにしておくべきでしょう。自社においてどういった職場環境・勤務形態の整備が必要かは、定年後再雇用の現役シニアにヒアリングを行い、ニーズに関する生の声を把握することが有効です。

④シニア一人ひとりの働きぶり・成果に報いる

担当する職務の意義を社員に認識してもらい、職務遂行を動機付け、その働きぶり・成果を評価し、報酬で報いることの重要性は、60歳という年齢の前後で何ら変わることはありません。職務主義的な観点からすれば、むしろ評価に応じた報酬のメリハリを60歳前より大きくしても良いぐらいです。そのためには、シニアの働きぶり・成果を客観的かつ公正に評価するスキルが上司に求められます。60歳前よりも活躍し、報酬が増えるシニアが出てくると、プレ・シニア世代にとってのキャリア目標にもなるでしょう。

また、第3章で紹介した加齢に伴う体力・知力・心の変化の影響が、いつ何時一人ひとりのシニアの就労に出てくるかは分かりません。上司はシニア部下の働きぶりをしっかりと観察し、本人と定期的に話し合い、必要に応じて職務の変更を検討する必要があります。つまり、定年延長には、60歳前よりもさらにきめ細やかな人材マネジメントが求められるのです。

定年延長の原資捻出

本書で提言している定年延長のあるべき姿では、シニアに担ってもらう職務の価値に合わせて報酬水準を設定します。そのため、仮に定年延長によって労務費が増加したとしても、シニアがそれに見合った働きぶりや成果で報いてくれるはずです。従って、大局的には経営上の大きな問題にはならないでしょう。

ただし、定年延長が安定的な軌道に乗るまでの一時的な労務費の増加が問題視される場合、以下のような方策で原資を捻出する必要があります。

定年延長が軌道に乗るまでの原資捻出法

報酬カーブの変更：60歳前の報酬カーブを見直す。例えば、50歳以降の賃金上昇を抑え、

その分を定年延長の原資とする

諸手当の改廃：支給意義が薄れているにもかかわらず、今までの成り行きで残っている手当を廃止する

退職金制度の見直し：退職金水準の引き下げや終身年金の廃止・縮小を実施する

人員計画の見直し：定年延長による人員確保を前提に、新卒採用計画を見直す。早期転進支援制度を導入する

これらの方策は、社員にとって不利益変更となる可能性があります。労働組合や社員からの直接的な反発も想定されますので、慎重に検討を進めなければなりません。

コミュニケーションの重要性

定年延長のあるべき姿は、自社の社員の正確な理解なしに実施することはできません。特に、定年延長の２つの前提を正しく認識し、腹落ちしてもらうことが重要なポイントになります。

定年延長の2つの前提

●職務（ポジション）に合わせてシニア（ヒト）を配置する
●シニアが担う職務（ポジション）一つひとつの職務価値を点数化し、処遇を決める

現在の定年後再雇用制度の延長線上で、「60歳になれば会社がラクな仕事を与えてくれる」などと社員が思っているのであれば、そのような認識を改めてもらう必要があります。

従来型の日本的人材マネジメントの中でキャリアを歩んできたベテラン・中堅社員にとって、これはパラダイムチェンジと言ってよいほどの変化です。天動説と地動説の違いに喩《たと》えると分かりやすいかもしれません。一度話を聞いたくらいでは、社員がこれらの前提を正しく理解することは難しいでしょう。企業によっては、人事部門の担当役員が自ら延べ１００回の説明会を開催し、社員に定年延長制度の理解を促した事例もあります。

また、前節で紹介したような、定年延長の原資確保のための不利益変更が発生するのであれば、労働組合や社員代表との交渉段階から、検討の考え方・方向性や交渉の経緯・論点などを社員と共有することが有効です。人事部門だけでなく、広報部門や労働組合とも協議し

ながら、関係者へのコミュニケーションプランを立案の上、実行していく必要があります。

プレ・シニア世代の意識変革

定年延長について正しく理解する――それだけでは不十分なのが、40歳代・50歳代のプレ・シニア世代の社員です。彼/彼女らには、定年延長を理解するだけでなく、来《きた》るべきときに向けて自助努力に励んでもらう必要があります。第1章で触れた通り、日本企業の多くの社員は、40歳以上になると会社の人材育成施策の蚊帳の外に置かれがちです。また、自己学習していない40歳代・50歳代の比率が7割もあるのが日本人の実態です。プレ・シニア世代の意識を大きく変革しなければ、「残念なシニア」を量産するだけです。

こういった状況を打破するきっかけとして、45歳・50歳といった節目の年齢のプレ・シニア世代社員を対象に、次のような内容の研修を開催することが有効です。

プレ・シニア向け研修内容

- ●これまでのキャリアを振り返り、自身が有する知識・能力・経験を棚卸しする
- ●60歳到達時点の自らと家族の状況および就労上の制約の可能性を想定する

●会社がシニアに期待するポジションのリストを参照し、自分はどのような職務で会社に貢献したいのか、貢献できるのかを考える
●目指す職務の要件と自らの知識・能力・経験および想定される就労制約とのギャップから、今後、何を学び、経験すべきか、キャリアプランを立案する

この研修のポイントは、プレ・シニア世代の社員に「今のまま年齢を重ねるだけではまずい」と自覚させることにあるので、グループワークやケーススタディなどのインタラクティブな内容にすべきでしょう。また、研修はあくまできっかけであり、フォローアップが肝心です。キャリア面談などで、研修において立案したキャリアプランの進捗または修正の必要性を定期的に確認・協議し、社員本人に自律的なキャリア形成を促すことが重要です。

そして、意識変革の一環として、社内で「さん付け運動」を展開することも効果的です。上司を「鈴木部長」などの役職名付きで呼ぶのではなく、「鈴木さん」と呼ぶのです。部下や後輩、年下の同僚についても同様で、「山田君」ではなく「山田さん」と呼ぶようにします。役職から降りること、あるいは年下上司・年上部下の存在が当たり前になってくると、役職や年齢によって呼称を変えることに合理的優位性はありませんし、自由闊達な職場風土

に悪影響を与えかねません。社長を「〇〇社長」ではなく「〇〇さん」と呼ぶことに社内で統一し、社長自らがこれを牽引することも、「さん付け運動」の浸透に効果的です。

第４章のまとめ：一社一制度と一社二制度

●日本以外の国々ではシニア雇用や定年延長が問題になることはほとんどない。それは職務主義の人材マネジメントが行われ、年齢に関係なく、職務に見合った処遇で人材を雇用するからである

●定年延長のあるべき姿は、

①会社がシニアに期待する職務をリスト化し、職務内容・要件を明示する

②個々の職務について、その客観的価値に基づく適正な処遇水準を設定する

③個々の職務に最適なシニアを配置する

④シニア一人ひとりの働きぶり・成果に報いる

という４つのステップで実現できる

●定年延長の人材マネジメントを職務主義で行うことを社員に理解・自覚させる必要

がある。社員が60歳を迎えてからでは遅く、40歳代から意識改革を行う

本章のテーマは、定年延長の「あるべき姿」についてでした。そのため、現在の60歳到達前の人事制度との乖離の大きさを感じた読者もいるかもしれません。そういった場合の処方箋として、一社二制度とする方法があります。

一社二制度とは、60歳到達前後で適用する人事制度を全く異なるものとする方法です。**図表4－5**の右側をご覧ください。60歳到達前までの従来型人事制度を維持し、60歳以降は定年延長のあるべき姿に基づく人材マネジメントを展開します。現行人事制度で社員の年齢や経験年数、家族構成といった属人的要素に基づく処遇設定を行っており、その制度を大きく変えることが難しい企業にとって、一社二制度は現実的な選択肢です。

また、従来の定年後再雇用と定年延長の違いの一つに、社員にとっての「節目感」があります。定年後再雇用の場合、一旦は定年退職になるという大きな節目があるのですが、定年延長にはそれがありません。従って、一社二制度を採用する場合、社員に適用される制度が切り替わるタイミングで、就労マインドをリセットするためのイベント（式典や研修など）を開催することも一考に値します。

図表4－5　一社一制度と一社二制度

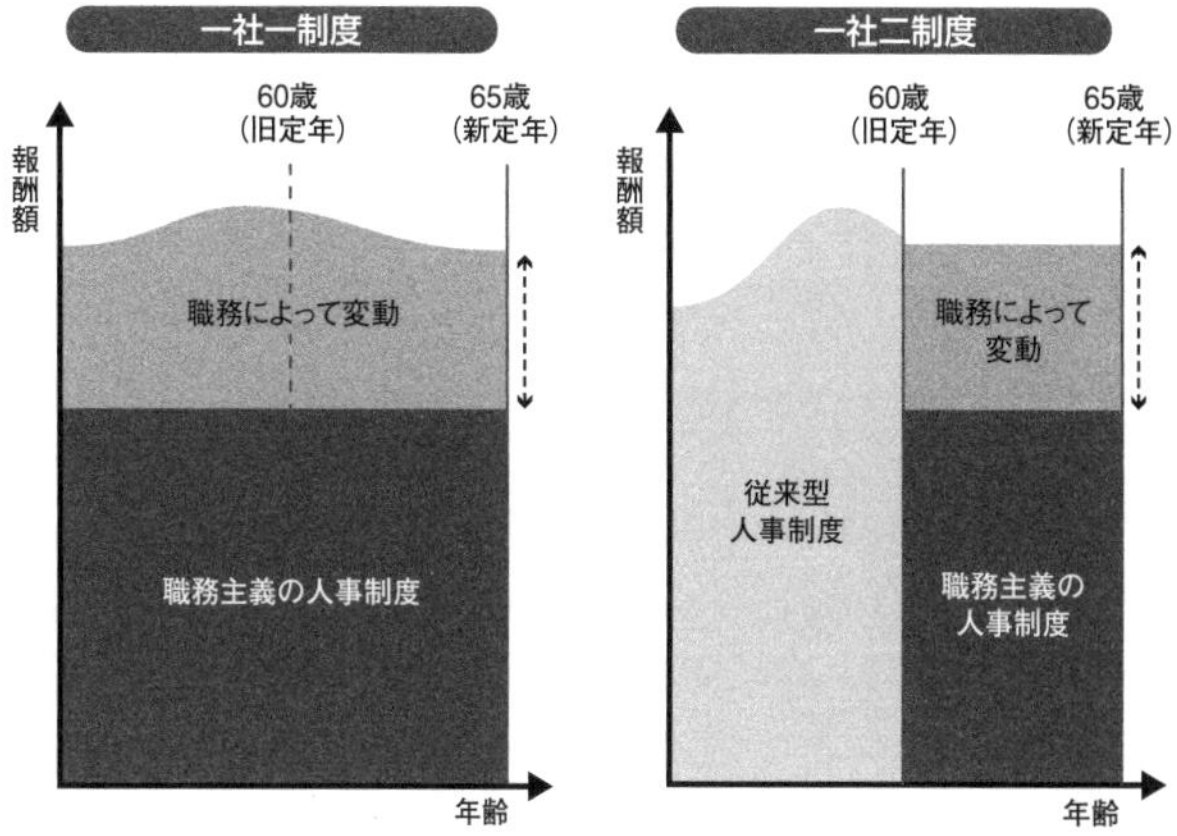

出所：筆者作成

ただし、本来目指すべきは**図表4－5**左側の一社一制度です。多くの日本企業で運用している社員の属人的要素に基づく人事制度は、経営を取り巻く環境の変化を前に既に時代遅れになっています。制度を大きく変えにくい、といった理由でこれを放置すれば、企業経営にとって取り返しのつかないことになりかねません。定年延長を機に、60歳到達前の人事制度も含め、人材マネジメントのあり方を大きく刷新していくことが人事部門に求められています。そう断言できる理由を、次の第5章で論じていきます。

コラム① 米国1ドル紙幣に記されたメッセージ

第4章の冒頭で、キリスト教、特にプロテスタントが米国企業の商慣習に影響を与え、職務主義の人材マネジメントがグローバルスタンダードとして広がっていった経緯を簡単に紹介しました。その重要な証拠の一つが、米国の1ドル紙幣です。

左ページの写真は、ジョージ・ワシントン初代米国大統領の肖像画が描かれている面の裏側です。中央にONEと記載されていますね。ご注目いただきたいのは、その上に小さく書かれている英文です。

IN GOD WE TRUST（我々は神を信じる）

ここで言うGODとは、一般的な日本人が考えるような八百万《やおよろず》の神々ではなく、一神教の神です。そして高校時代に英文法の授業で習った「強調の倒置」を用いてWEよりもGODを前に出し、意味を強めています。ビジネスの根幹を担う通貨の

米国の1ドル紙幣に残されたキリスト教の影響

ひとつに、「我々は神を信じる」というキリスト教的メッセージをはっきりと示しているのです。

　また、ONEの左側にあるピラミッドのような絵。これが何を意味しているのか、不思議に思ったことはないでしょうか。この絵は「プロビデンスの目」と呼ばれるキリスト教の意匠です。そしてその上にあるANNUIT CŒPTISという、一見する限りでは不可解な表現。これはラテン語で「神は我々の行いを支持しておられる」という意味であり、米国の国璽《こくじ》（国家の表象として用いる印。会社の場合、社印）にも刻まれているそうです。

　これらの事実は、米国の政治・経済にキリスト教が色濃く影響していることの証左と考えてもよいでしょう。

第5章

日本経済を衰退させる会社従属型雇用

日本型雇用システムのガラパゴス化

第４章で定年延長のあるべき姿について紹介しましたが、その内容の多くは、皆さんが勤務する会社の現在の人事制度と相容れないものではなかったでしょうか。本書で提唱する定年延長のあるべき姿は、世界標準の人材マネジメントの考え方に基づいています。それに対し、これまでの多くの日本企業の人事制度は、世界標準とかけ離れてガラパゴス化した日本型雇用システムに基づいているためです。

図表5—1に日本型雇用システムの特徴をまとめました。この表に記載されているような雇用を続ける限り、日本企業は経営環境の変化に適応することができず、各社の成長はおろか、日本経済全体の復活もないでしょう。そして定年延長こそが、このシステムを打破し、日本企業が新たな人材マネジメントへと踏み出す大きなきっかけになると、私は考えます。

ただし、日本型雇用システムも太古の昔から日本に存在していた仕組みではありません。日本における雇用のあり方がガラパゴス化してしまったことにはそれなりの経緯と理由があるため、すべての仕組みを闇雲に壊してよい訳ではありません。

ここで、日本型雇用システムの成り立ちを振り返り、今後の新たな人材マネジメントの方向性を考えていくため、時計の針を戦後、昭和時代に戻しましょう。

図表5－1　日本型雇用システムの特徴

基本的考え方		組織に配員された社員の能力・属性に応じ、組織全体でカバーすべき職務を暗黙的・流動的に分担
採用	手段	全社採用計画数を主に新卒一括採用によって充足し、中途採用によって不足分を補充する
	要件	包括的な能力・姿勢 (論理的思考力・コミュニケーション力・志望度等)
キャリア形成		社員は自らのキャリア形成を会社に委ねる
配属・異動先		社員は会社内のすべての部署に配属・異動となる可能性がある
処遇	評価	入社年次管理によって相対評価
	報酬	評価結果および社員の能力・属性によって決定されるため、同一職務でも報酬が異なる。担う職務が変わっても、報酬はあまり増減しない
	昇進	空席ポジションの有無に関わらず、本人の能力向上に応じて昇格
	特徴	能力の客観的評価は難しく、年功的な処遇になりがち
雇用前提		家庭の世帯主が総合職の正規社員であり長期雇用が保証される。配偶者は家業専任または非正規社員であり、長期雇用は保証されない
労働組合		企業内労働組合

出所：筆者作成

敗戦ルーツの日本型雇用システム

１９４５年の敗戦後、日本社会全体の混乱と困窮は、現代の社会人世代にとっては想像を絶するものであり、日本国民の多くが、長期間にわたって日々の生活すらままならない状態に陥りました。そのため、日本社会が戦後の混乱から立ち直り始めると、企業は「社員の生活の安定」を前提とした賃金制度を整備していきました。仕事内容にかかわらず、独身社員には１人分の生活を賄うための賃金、扶養家族がいる社員には家族全員を養うための賃金が支払われるべき、という考え方に基づく賃金制度です。国民全員が困窮していた戦後すぐの日本社会では、この賃金制度こそが時代の要請だったのです。その結果、職務内容が同じでも、社員の年齢や勤続年数、家族構成に応じて賃金水準が変わる年齢給・勤続給・家族手当などの生活給方式の賃金が日本企業全体に浸透していきました。

この動きに対し、当時の日本を間接的に統治していたＧＨＱは、欧米スタイルの職務給方式の賃金制度を日本の産業界に薦めていたようです。日本政府や日経連（日本経営者団体連盟。１９４８年発足。２００２年に経団連と統合）も職務給方式の考え方に賛同していましたが、労働者の同意が得られず、職務給が日本企業に定着することはありませんでした。

また、ＧＨＱは日本の労働者に対して労働組合の結成も奨励し、日本企業には次々と労働組合が結成されていきました。但し、欧米のような産業別や職種別の労働組合ではなく、企業別労働組合であったところが重要なポイントです。同じ会社に勤務する正規社員であれば、ホワイトカラー、ブルーカラーの分け隔てなく組合員となりました。当時は、ホワイト、ブルーの別なく皆が同様の生活苦の中にあり、〝社員皆平等〟の考え方が当たり前のこととして受け入れられたのです。

こういった経緯で生活給方式の賃金制度が浸透していった際、その暗黙的前提になったのが、「夫が正規社員として働き、妻は専業主婦またはパートタイマーとして夫を支える」という家族モデルです。これは、「サザエさん」の磯野家、「ドラえもん」の野比家、「クレヨンしんちゃん」の野原家でも見られる、戦後、昭和時代のノスタルジックな家族の形です。夫＝正規社員は家計の大黒柱として家族全員分の生活費を稼ぐ、そのために会社に従属して制約なき就労にコミットする。妻＝非正規社員は夫が稼ぐ生活費の補助として、正規社員よりも低い水準の収入を得る。この就労モデルが日本全体で一般化しました。

日本型雇用＝「会社従属型雇用」

１９５０年代までは大規模人員整理に伴う労働争議が活発でしたが、その後は前述の戦後、昭和的就労モデルを前提に、不況期においても正規社員の雇用は死守し、非正規社員で雇用調整するという雇用管理が日本企業に定着しました。言い方は極端になりますが、「正規社員の雇用さえ守れば、非正規社員の雇用はどうなろうと、社員とその家族が路頭に迷うことはない」という考え方です。昭和の時代は、パートタイマー＝正規社員の妻、アルバイト＝学生＝正規社員の息子・娘という図式であり、税制の優遇措置もあって、非正規社員もこの雇用管理を当然のように受け入れました。

そして、正規社員の安定的な雇用を保障する代わりに、会社は正規社員本人に職務内容・労働時間・勤務地などの条件を一切設けない〝制約なき就労〟にコミットさせました。もちろん、コミットメントの正式な証書がある訳ではありません。しかし、配属部署および担当職務を会社一任とする採用、時間外勤務を前提とした職務量の付与、本人の希望に基づかない職種をまたいだ異動、転居を伴うローテーション（しかも突然）など、会社はあたかも正規社員に就労上の制約がないかのような人材マネジメントを展開しました。つまり、日本企業にとって、正規社員とは会社に従属すべき存在だったのです。

こういったこれまでの日本型雇用を「メンバーシップ型雇用」と表現する向きもありますが、正規社員の置かれた立場を見ると、「会社従属型雇用」と呼んでも差し支えないと私は

図表５－２　日本の実質経済成長率

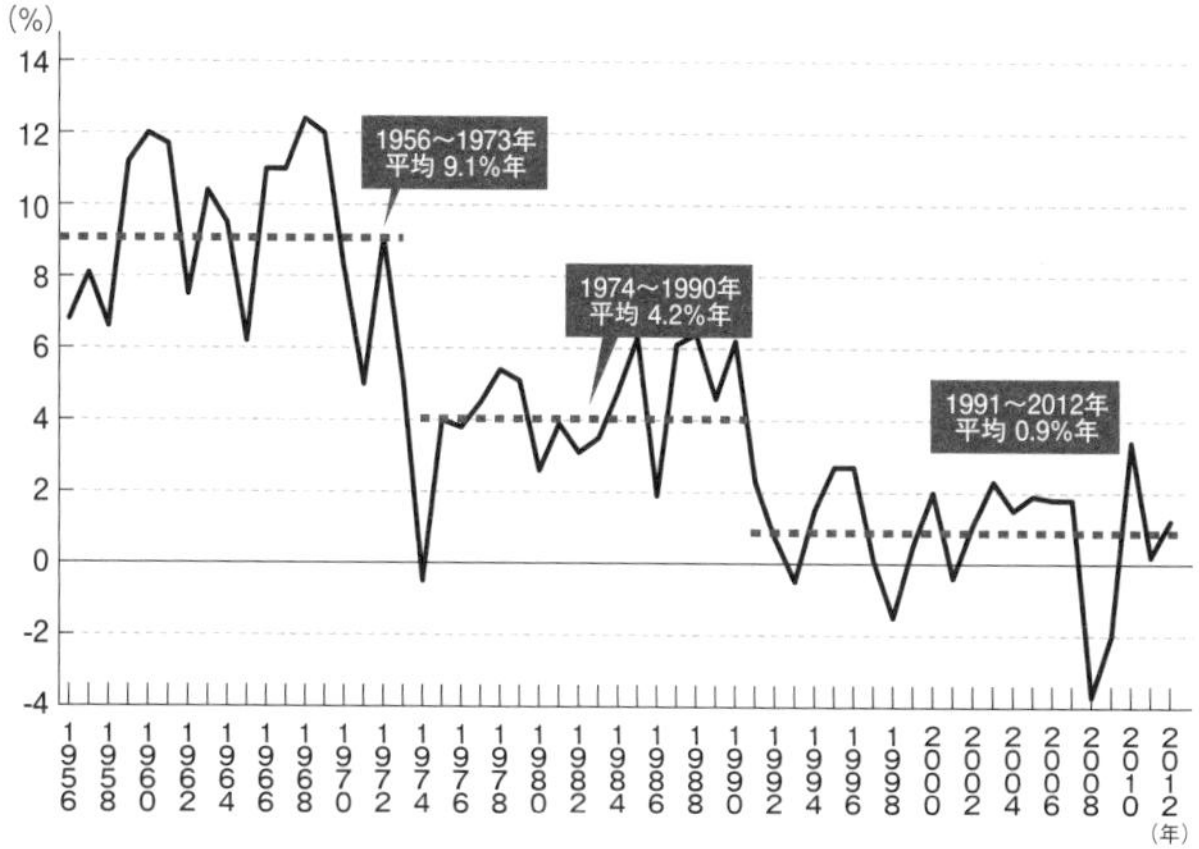

出所：内閣府のデータに基づき、筆者作成

考えています。この会社従属型雇用がどのように日本企業の間で一般化していったのか、そして、なぜ日本経済を衰退させる要因になり得るのか。次節から日本の戦後の人材マネジメントの歴史を10年毎に区切り、より具体的に紹介していきます。

人材マネジメントの戦後史

１９６０年代：高度経済成長期に始まった会社従属型雇用

日本において会社従属型雇用が根付いていったのは、１９５０年代後半から１９６０年代にかけての高度経済成長期と考えられます。

図表５－２の折れ線グラフは、日本の実質経

済成長率の推移を示したものです。１９５６年から１９７３年にかけての高度経済成長期18年間において、日本全体の実質経済成長率は年率で約９・１％ありました。９・１％という成長率は、１年目を１００とすると18年後には４８０、つまり5倍近くまで膨れ上がる数字です。池田隼人内閣が所得倍増計画を策定したのが１９６０年ですが、実際には倍増以上の成長を日本経済は果たしました。

　当時、日本市場全体が文字通りの右肩上がりの成長期にあり、良い商品・サービスを提供すれば、それらが飛ぶように売れる時代でした。企業が売り上げを伸ばすのに最も容易な方法は、社員を昼夜・休日問わずに就労させて商品・サービスを量産・販売することであり、戦後の焼け跡を経験した戦中生まれの社員達も会社からの要請に応えました。また、更なる業績拡大のため、なるべく多くの正規社員を安定的に確保することが、多くの日本企業にとっての経営課題でした。そして、その手段として企業が注力したのが、戦前から行われていた新卒一括採用です。雇う側の企業にとっては採用の「人数」を集めることが最優先であり、ポジション毎に最適な人材を一人ひとり選別するよりも、専門性や経験を問わず学生に大きく網をかけて入社させ、自社で一括して育成する「ポテンシャル採用」の方が効率的だったからです。

一方、１９６０年代後半になると日本各地で学生運動が激化し、その対応に多くの大学の管理部門が時間を取られるようになりました。結果として、大学が企業に優秀な学生を採用候補者として紹介する「学校推薦」の仕組みが機能しづらくなり、大学生が自主的に企業に応募する「自由応募」が文系学部を中心に一般化しました。

こういった企業と大学双方の事情により、新卒採用市場は学生に有利な自由競争として早期化し、企業は大学3年時の2～3月から採用内定を学生に提示するようになりました。「青田買い」という言葉が採用活動の一般用語になったのは、高度経済成長期のこの頃です。

１９６０年代は、戦後生まれの第一次ベビーブーマー（いわゆる団塊の世代）が社会に出始めた時代です。第一次ベビーブームのピークである１９４８年生まれが18歳になった１９６６年、日本全国の18歳人口は２４９万人でした。これは第2章の**図表2－1**でご覧いただいた通りです。１年で２４９万人という数字は、日本の公式な統計上、最多の18歳人口です。２０１９年生まれが90万人を切っていますので、今の3倍弱もの若者が街に溢れていたといったら想像がつくでしょうか。

当時の日本企業の多くは若き熱血青年の集まりであり、ベンチャーマインド溢れる組織風土だったことでしょう。毎年、数多くの戦後生まれの新入社員が入社し、会社全体の平均年齢が若返っていきました。そして、戦中生まれの管理職のリーダーシップのもと、ハードワークの流れが加速しました。自分たちが働けば働くほど会社が儲かり、それだけ報酬も目に見えて（今では考えられないスピードで）増えたからです。社員全員の報酬が年々上昇していく中、この会社で同じ釜の飯を食う仲間（新卒で入社した先輩・後輩達）と一緒に頑張っていけば、報われる。そんなマインドが正規社員の間で暗黙的に共有され、会社と社員の運命共同体化が進み、会社従属型雇用の土壌が整いました。

１９７０年代：転勤前提のキャリア形成

１９７０年代に入ると、日本の高度経済成長は終焉を迎えました。１９７３年のオイルショックをきっかけとする不況により、１９７４年の日本経済は戦後初のマイナス成長となったのです。景気回復後も以前のような年率10％を超える成長を記録することはなくなり、１９７５年以降は安定的な経済成長に止まりました。

日本市場が安定的成長期に入ると、企業は更なる事業拡張のためにマーケットの拡大に力を注ぐようになり、国内外の新たな事業拠点で人材を確保する経営ニーズが出てきました。企業にとって新規拠点で新たに社員を採用し、ゼロから育成するよりは、既存社員をその地に転勤させた方が遥かに迅速かつ効率的です。多くの日本企業の労働協約や社員就業規則では、「業務の都合により、従業員の就業する場所や従事する職務の変更を命ずることがある」といった定めが明文化されており、この定めを元に、企業は社員に転勤を命じました。そういった転勤命令に当たり前のように応えたのが会社のためにがむしゃらに働いてきた戦後の大量採用世代です。この世代が中堅社員として脂がのった年代に差し掛かり、彼ら（転勤社員のほとんどが男性のため、あえて男性を表す「彼ら」を用いています）は企業からの辞令1枚で、新たな勤務地に単身赴任も厭《いと》わずに赴任しました。

実は、日本企業の社員全員が人事部からの転勤命令に従った訳ではありません。配偶者の仕事や家庭生活との両立を理由に社員が転勤命令を拒否するケースもあり、転勤命令拒否を理由に社員が懲戒解雇されるといった事象も生じました。そのいくつかは解雇の是非を巡って法廷で争われ、東洋テルミー配転拒否解雇事件（東京地裁 1973年5月11日判決）、東洋電機製造事件（横浜地裁 1975年7月1日判決）、吉野石膏事件（東京地裁 1978年2月15日判決）などがその代表例になります。いずれの事件も企業側の転勤命令が有効とされ、「夫婦共働きであっても、転勤に伴う単身赴任を社員は想定し、それを受け入れるべきである」という判例が出ています。こういった経緯から、「栄転」という言葉がある通り、会社指示による転勤を前提とするキャリア形成が日本企業において常識的なこととされました。

高度経済成長期が戦後日本企業のスタートアップの急成長ステージだったとすれば、オイルショック後の日本企業は安定的な成長を続けるミドルステージにあったと言ってよいでしょう。引き続き、社員が企業のために頑張れば、企業も処遇向上で報いることができました。そのため、企業が新規拠点を設立するとなれば、多くの正規社員は単身赴任も厭わずに転勤しました。営業から人事、設計から生産技術といった職種をまたいだジョブローテーションを命じられても、それを受け入れました。正規社員には、会社の指示・命令を信じて従えば、会社はそれに必ず報いてくれるという一定の信頼があったのです。組織を構成するメンバーの若さと企業に対する信頼感の双方が相まって、社員本人達は「会社に従属している」という事実を全く意識することなく、実態として会社に従属するようになりました。

１９８０年代：①安定経済成長期の労働法改正

ここからは架空の人物を１人、登場させましょう。１９５８年生まれの大島耕作さんです。以降、大島さんのエピソードを通じて、日本企業における人材マネジメントの変遷について見ていきます。

大島耕作さんは地方の裕福な家庭の三男坊として誕生し、幼少期から学業優秀な男の子でした。多くの同級生が高卒で就職する中、大学進学するチャンスに恵まれ、１９７７年に有名私立大学の法学部に現役合格し、入学しました。当時の大学は学生運動がほぼ収束し、後に「大人のレジャーランド」とも揶揄《やゆ》されるような状況にありました。大島さんは学業そっちのけで、アルバイトとサークル活動、加えて麻雀に明け暮れる大学生活を過ごしました。

そして、大学３年生から４年生に進学する春、大島さんの下宿先に株式会社日本リクルートセンター（現、株式会社リクルートホールディングス）から百科事典のように分厚い就職情報誌が届きました。内容の大部分は企業への資料請求ハガキであり、このハガキを使って興味のある企業に会社説明資料を請求することが、就職活動の始まりでした（今でこそ常識のエントリーシートも１９９１年にソニー株式会社が導入したのが最初と言われており、当時は書類選考という概念があまりありませんでした）。大島さんは手首が腱鞘炎になるほどの量のハガキを書きまくり、目ぼしい企業に手当たり次第、資料請求しました。その後、電話連絡のあった企業の大学ＯＢ達と面談し、いくつかの企業の面接に進んだ結果、東京に本社を構える大手自動車部品メーカーＡ社の内々定を大学４年生の６月に獲得しました。

大島さんは、１９８１年３月に大学を卒業、同年４月にＡ社の新入社員となり、数多くの同期入社社員と共に会社の寮に入居しました。そして、約３か月間の新入社員教育の後、大学での専攻とは全く関係のない経理部に配属となりました。

Ａ社の経理部は社内でも指折りの激務部署として有名であり、月末・期末には深夜残業が続く日々でした。しかし、部員メンバーの誰もが士気高く懸命に働く中、大島さんも次第にその職場環境に慣れ、先輩社員からの熱血指導を受けながら、仕事や〝ノミュニケーション〟を通じて様々なことを学んでいきました。

大島耕作さんが大卒新人として未経験の経理部に配属されたように、新卒一括採用＆入社後の配属決定は日本企業の雇用慣行として定着していました。景気変動による毎年の採用数変動はあったものの、マクロ的には安定した新卒採用によって企業全体の年齢別人員構成は健全な形が保たれていました。多くの企業では毎年一定数の新卒採用があることを前提に、総合職を数年置きにジョブローテーションさせ、その補充として新入社員を配属しました。

そうすることで、中堅社員が抜けてもそれに続く若手が次々に育ってくるという健全な人的循環が生まれていたのです。実際、当時の日本企業の社員平均年齢は30歳代が通常であり、組織としてバランスの良い若さを維持することができていました。

また、大島耕作さんが社会人になった1980年代、日本の労働法制において3つの大きな動きがありました。1つ目は、1987年の労働基準法改正です。この頃から、国家レベルで労働時間の短縮を重視するようになりました。それまでの労働基準法では週48時間労働が前提とされていましたが、週40時間労働が本則に定められ、週40時間労働への可及的速やかな移行が企業に促されました。また、変形労働時間制が見直され、フレックスタイム制を企業が導入できるようになり、併せて、一部の専門的業務に限定して裁量労働制を導入することも可能になりました。

労働法制の動きの2つ目は、本書のテーマでもある定年延長です。1986年に施行された「高年齢者等の雇用の安定等に関する法律」、通称、高年齢者雇用安定法により、企業の定年退職年齢が60歳を下回らないようにすることが事業主の努力義務とされました。ただし、この時代の定年延長と今後の定年延長とでは、日本の置かれた状況や企業を取り巻く経営環境が全く異なることは、第2章の冒頭で触れた通りです。

３つ目は、１９８５年に制定され、翌年から施行された「雇用の分野における男女の均等な機会及び待遇の確保等に関する法律」、通称、男女雇用機会均等法です。厚生労働省は男女雇用機会均等法制定30周年の２０１５年に発表した「平成27年版 働く女性の実情」で、男女雇用機会均等法制定当時の背景を以下のとおり紹介しています。

男女雇用機会均等法制定の国内的背景として、労働市場への女性参加が大きく進んだことがある。経済の高度成長期に入った昭和30年代後半以降、女性労働者数が増加を続け、昭和59年の女性雇用者数は、１５１９万人となり、昭和35年の２倍となっていた。また、継続就業の意識も高まり、結婚、出産、育児期を通して働く女性も増え、女性の平均勤続年数も伸びてきた。

しかしながら、女性に対する雇用管理については、昭和47年に勤労婦人福祉法が成立・施行され、育児休業や母性健康管理の努力義務が定められていたものの、女性を単純、補助的な業務に限定するなど、男性とは異なる取扱いを行う企業がみられた。

こうした背景には、女性には労働基準法で、時間外労働が１日２時間、１週６時間、１年１５０時間と制限されていたことや深夜業が原則禁止されていたなど男性と異なる

> 法規制があることのほか、社会に残る「男は仕事、女は家庭」という伝統的な男女の役割分担意識等があったことが影響している。
>
> 一方、国際的な動きとして、昭和50年の国際婦人年、昭和54年の女子差別撤廃条約採択など、国際連合を中心とした国際的な男女の機会均等の達成に向けた動きが活発化していた。こうした動きを受け、我が国においても、男女の地位についての不平等感が高まり、職場における男女平等の実現を求める動きが一段と強まった。
>
> こうして、昭和55年に署名した女子差別撤廃条約の批准に向け、国内法制等諸条件の整備の一環として、雇用の分野における男女の均等な機会と待遇を確保するための法的整備を行うこととなり、昭和60年に勤労婦人福祉法の一部改正により、男女雇用機会均等法が「雇用の分野における男女の均等な機会及び待遇の確保等女子労働者の福祉の増進に関する法律」として成立した。

若い人事部員の方に留意してほしいのは、日本において男女の雇用差別が禁止されたのは、それほど遠い昔ではないということです。しかも、当初の男女雇用機会均等法では、「募集・採用、配置・昇進についての均等な取扱い」が事業主の努力義務とされ、絶対的な義務ではありませんでした。これが完全に義務化されたのは、１９９７年の改正男女雇用機会均等法においてであり、今からほんの二十数年前のことなのです。戦後の日本企業には、家庭生活をあまり顧みない男性サラリーマン達によって、オトコ社会の組織風土が醸成されていきました。現在の40歳代・50歳代の社員は、その組織風土の影響を今も少なからず受けていると考えた方がよいでしょう。一般事務職イコール女性社員という企業は、今でも少なくありません。

本節では１９８０年代半ばの労働法制の動きについて紹介しましたが、これらは、敗戦国家日本の戦後復興から、安定的経済成長にある先進国への移行を企図したものです。高度経済成長期に定着してしまった「男性社員ががむしゃらになって長時間労働をし、女性社員がそれをサポートする」という就労スタイルを見直して、先進国に相応《ふさわ》しい、労働者の生活の質の向上や長期的な雇用機会の確保を前提とする働き方への移行を狙った政策が展開されていきました。

１９８０年代：②職能資格制度の活用

大島耕作さんは、入社５年目の１９８５年に同じ経理部の高卒一般事務職だった鈴木良子さんと結婚し、会社の集合社宅に転居しました。当時の平均初婚年齢は男性が28・２歳、女性が25・５歳で、新卒入社５年目27歳の大島さんの結婚は特別早い訳ではありません（ちなみに２０１８年時点の平均初婚年齢は男性が31・１歳、女性が29・４歳）。結婚を機に鈴木良子さんは寿退社し、専業主婦になりました。

そして、結婚後すぐ、大島さんに経理部から営業部への異動辞令が発令されました。経理部長と営業部長の仲が良く、二人の間で決まった話のようです。入社以来、経理畑だった大島さんにとっては想定外でしたが、断る理由も特にありません。営業未経験の中堅社員として一から勉強し直す日々が始まりました。また、１９８６年に長男の耕一郎君、１９８８年に次男の耕平君が誕生すると、団地タイプの社宅が手狭になってきたため、大島さんは30歳で東京郊外に分譲戸建ての新居を構えました。

しかし、新居に入居したのも束の間、その翌年、営業部に異動して５年目の大島さんに、上司から係長格への昇格と名古屋支店への転勤が伝えられました。愛知県にある自動車メーカー担当の直納営業課長が東京本社に異動となるため、その後任という位置付けです。課長の後任に新任係長格である大島さんが指名されたことを考えると、抜擢と言ってもよい人事です。その意味を暗黙のうちに理解した大島さんは、真新しい戸建て住宅を借り上げ社宅として会社に貸与し、家族と共に名古屋に赴任しました。

　１９８０年代、大島さんより少し上に当たる高度経済成長期の大量採用世代が次々と管理職に昇進していきました。しかし、時代は既に安定経済成長期にシフトしていたので、事業ニーズによって管理職ポジションが以前ほど増えることはありません。そのため、社員の年齢と経験年数に応じた年功的処遇では、管理職ポジション数に対する昇進数が過多となり、人材マネジメントがうまく機能しなくなってきました。そこで、この時期に多くの日本企業で活用されたのが、１９７０年代後半から導入され始めた職能資格制度です。社員を年齢や勤続年数だけでなく、職能＝職務遂行能力で格付け、仮に課長ポジションが空いていなくとも、「課長格」や「担当課長」、「部長代理」として処遇するようにしたのです。

　また、それまでの日本企業の評価・報酬の仕組みは人事部によるブラックボックスになっていることが多く、評価結果などの人事情報は社員の目には一切触れないものでした。しかし、この職能資格制度によって資格の基準が明確化され、それに基づく人事考課・昇進査定と昇給・賞与のルールが制度として社員に開示されるようになっていきました。

　しかし日本企業で運用された職能資格制度は、本来の要件を満たしませんでした。職能資格制度が基軸とすべきは、単なる「能力」ではなく、「職務の遂行能力」です。職能資格制度の正しい企画・導入には、当該企業の職務調査を行い、その上で職務遂行に必要な能力を資格毎に基準化する必要があります。また、この基準に基づいて社員を絶対評価することが前提になります。しかし、多くの企業はこれらの前提を軽視、または無視しました。職務調査および評価を行わずに形ばかりの職能資格基準を策定し、「主体性」「責任感」といった抽象的な能力基準で社員を相対評価するようにしたのです。

その結果、骨抜きにされてしまった職能資格制度は、「社内の異なる部署間で社員を異動させやすく、また、管理職ポジションの有無に関係なく昇格させられる仕組み」として活用されることになりました。職能資格制度の狙いは社員の職務遂行能力に応じた人材マネジメントにあったのですが、結局は従来からの年功的な運用が大きく変わることはなく、社員が担う職務内容にかかわらず、賃金が下方硬直的に上がっていくことになってしまいました。昨今の「働かないおじさん問題（若手よりも高額な報酬を得ながら、それに見合った職務を担っていない40歳代・50歳代社員の増加）」に代表されるような、様々な人材マネジメント上の問題の時限爆弾が、この頃にセットされたと言えるでしょう。

1990年代：バブル経済崩壊①40時間労働と派遣法

大島耕作さんが名古屋支店で若き係長として活躍していた1990年、日本の国内自動車販売台数が史上最高の777・8万台を記録（2019年の販売台数は519・5万台、1990年と比べて3分の2です）するなど、日本全体が後にバブル経済と呼ばれる好景気に沸いていました。

しかしそれも束の間、1991年から景気が冷え込み始めると、大島さんが勤務するA社の業績も低迷。オーナー社長の一声で、V字回復を目指した全社の事業構造改革プロジェクトの発足が決まり、プロジェクトの営業部代表に愛知県のカーメーカーに詳しい人物として大島さんが抜擢されました。そのため、大島さんは名古屋支店での勤務を5年間で終え、1994年に東京本社営業部に異動。久しぶりにマイホームの住人となりました。

事業構造改革プロジェクトでは、日本国内市場の長期低迷が見込まれる中、海外市場への展開がA社業績のV字回復への活路として見定められ、事業のグローバル化をメインテーマとして検討が進みました（「グローバル」がビジネス用語として定着したのもこの頃です）。折しも、国際為替市場では、1985年のプラザ合意に端を発する急激な円高が進んでおり（**図表5－3**参照）、日本のメーカーが海外市場への展開を果たすには、現地

図表5－3　米ドル為替レート推移（年平均）

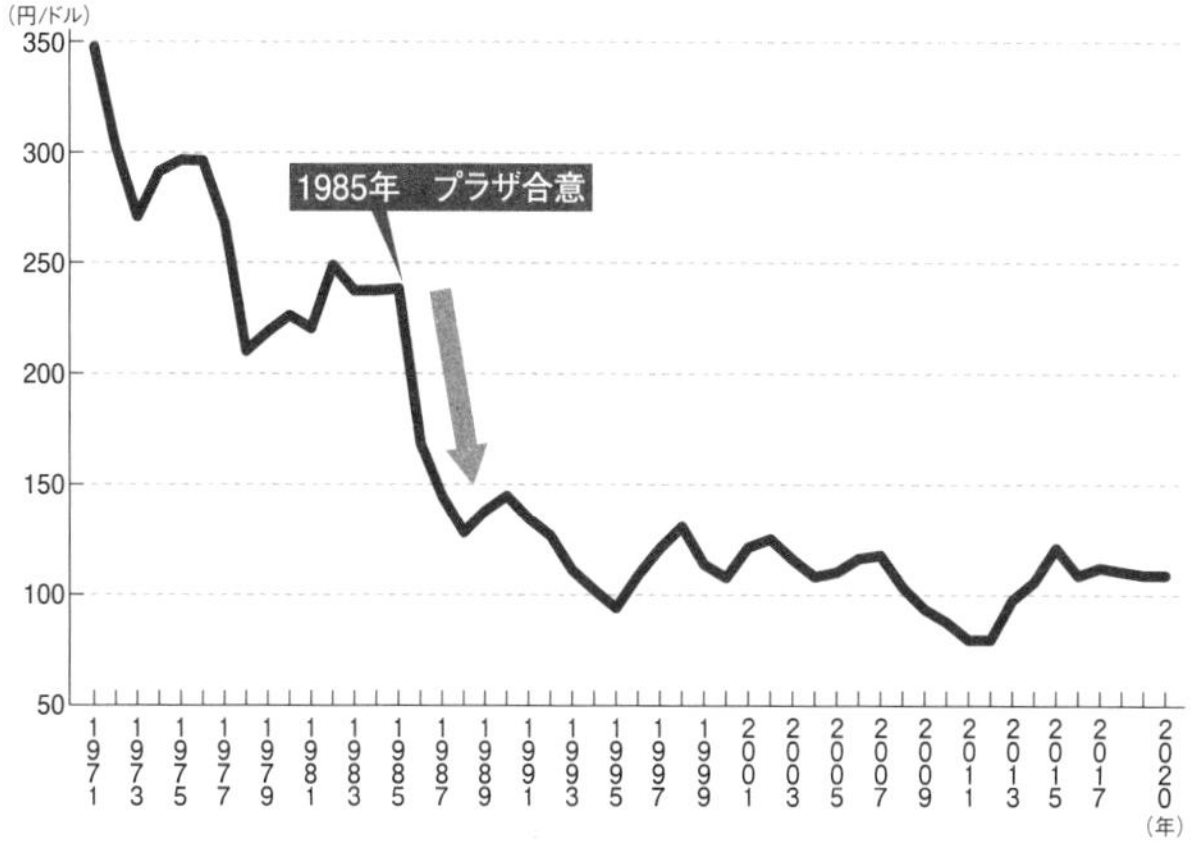

出所：筆者作成

での生産対応および拡販が急務でした。プロジェクトで立案した事業戦略を実行に移すため、海外で陣頭指揮を執るリーダーが必要となり、大島さんに白羽の矢が立てられました。大島さんはプロジェクトが終了した1996年、課長格昇格と同時に、米国ミシガン州デトロイトに海外駐在することになりました。せっかくのマイホームに住むことができたのはわずか2年。大島耕作さん、38歳の春でした。

内閣府は主要な経済指標の転換時期（景気の山と谷）を「景気基準日付」として決定しています。戦後の日本の景気について、景気の谷から1つの山を越えて次の谷までの間を

「循環」と呼んでおり、１９７４年から続く日本の安定経済成長期の終焉のきっかけとなったバブル経済の崩壊は、第11循環の出来事です。１９９１年２月を景気の山とし、３月から景気後退期に突入しました。この１９９１年から第15循環が終わった２０１２年までの実質経済成長率は年率で約０・９％しかありません。高度経済成長期の年率９・１％、安定経済成長期の４・２％と比べると、経済成長がほぼストップしたと言っても過言ではない状況です。「失われた20年」と呼ばれているのはこの頃のことであり、すでに第16循環（２０１２年末〜）も併せて「失われた30年」という言葉も出てきています。

ただし、日本の労働政策も手をこまねいて景気悪化を座視していた訳ではありません。１９９０年代には、日本企業の経営に影響を与えた労働法制の動きが大きく分けて２つありました。

第一に、労働基準法の改正です。まず、１９９３年の改正により、１９９７年４月から週40時間労働時間制に全面移行しました。また、時間外・休日労働の法定割増賃金率は政令で定めることとし、時間外労働の割増賃金率は２割５分以上、休日労働は３割５分以上となりました。これらは、１９８７年の労働基準法改正から続く労働時間短縮の流れに沿ったものです。

続く、１９９８年の改正では、裁量労働制が企画業務にも適用され、対象範囲が大きく広がりました。労働者一人ひとりの働き方や就業意識の多様化への対応と考えられます。

第二の動きは、１９９０年代後半の労働者派遣法の改正です。労働者派遣法そのものは１９８６年に施行されていましたが、その対象が１９９６年に専門16業務から26業務に拡大され、さらに１９９９年に対象業務が原則自由化されました。この改正は労働者派遣を「臨時的・一時的な労働力の需給調整に関する対策」として位置付けたものであり、バブル経済崩壊後の不況の中、固定費（＝正規社員の雇用）の増加を避け、労働力不足を変動費（＝非正規社員の雇用）で対応したいという企業のニーズに合致していました。

１９９０年代：バブル経済崩壊②成果主義人事制度の導入

バブル経済崩壊後の人材マネジメント上の変化として、もう一つあげられるのが、１９９０年代後半に多くの日本企業が導入した成果主義人事制度です。個々の社員の目標達成度＝成果に応じて評価を決定し、処遇に反映する仕組みが一般化しました。

成果主義そのものの考え方は、悪いものではありません。しかし、結果的にこの試みは多くの企業で失敗に終わったと言っていいでしょう。職能資格制度・ジョブローテーション・

入社年次管理などの従来からの会社従属型雇用には大きくメスを入れなかったため、成果主義とは名ばかりで、結局は年功的な人材マネジメントの運用が続きました。それどころか、「成果主義は賃下げの道具」という、マイナスイメージがつきまとうことになりました。

２０００年代：伸びない賃金、増える非正規社員

　バブル経済崩壊に伴うデフレスパイラルによって、日本企業の報酬水準の伸びは、極端に鈍くなりました。**図表５－４**の棒グラフは、日本企業における平均所定内月次賃金の推移を示したものです。一見して分かる通り、１９７０年代から90年代前半にかけて、報酬水準が右肩上がりで伸びています。それが、バブル崩壊後はほとんど伸びていません。また、このグラフを対前年比の折れ線グラフに作り替えたのが**図表５－５**です。１９９０年代後半は前年比＋１％前後、２０００年代に至っては前年比マイナスの年が続いている状況です。１９７０年代から80年代にかけての伸び率は、今とは隔世の感があります。

　１９９０年代の後半以降、報酬水準の伸びが極端に鈍化してしまったことが、正規社員の企業に対する従属意識に大きな影響を及ぼしたことは、想像に難くありません。高度経済成長期および安定経済成長期における企業は、社員が頑張れば頑張るほど報酬水準のアップで

図表5－4　所定内月次賃金の推移

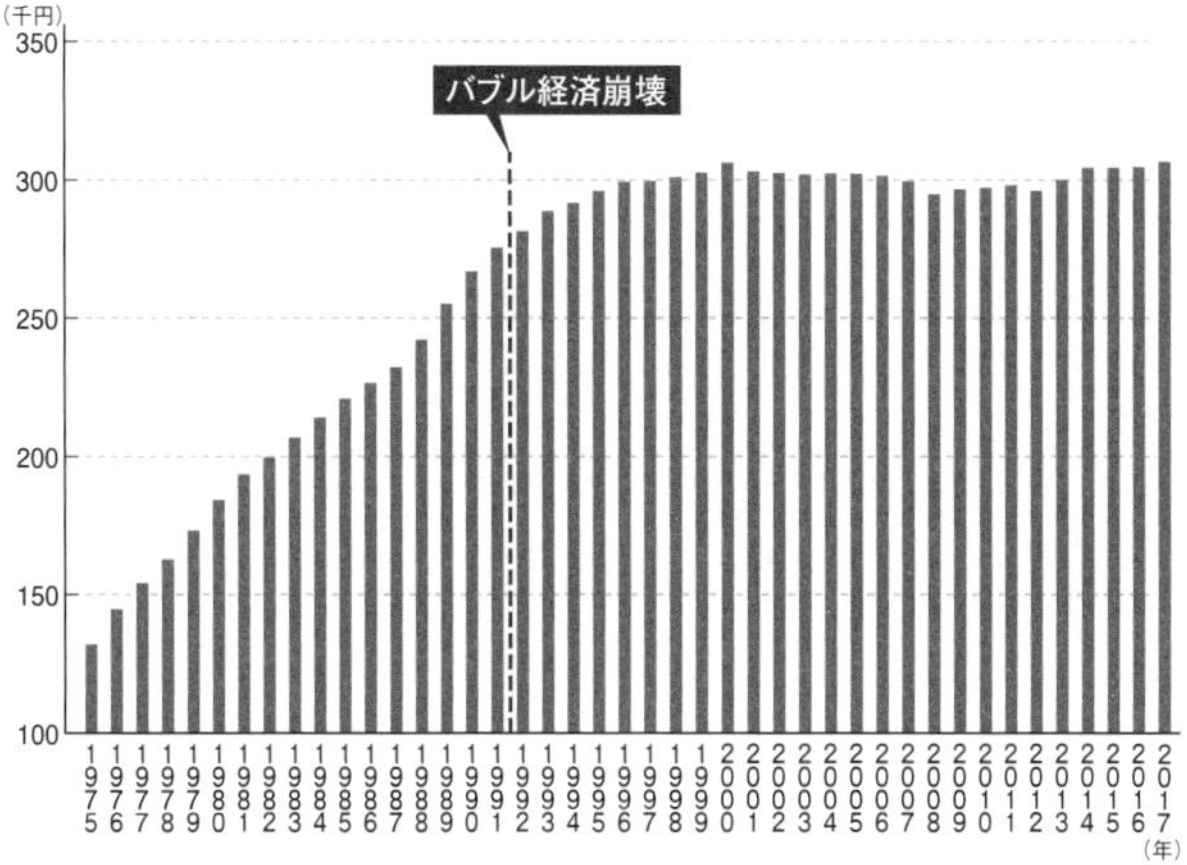

出所：厚生労働省 賃金構造基本統計調査のデータに基づき、筆者作成

図表5－5　所定内月次賃金の対前年比の推移

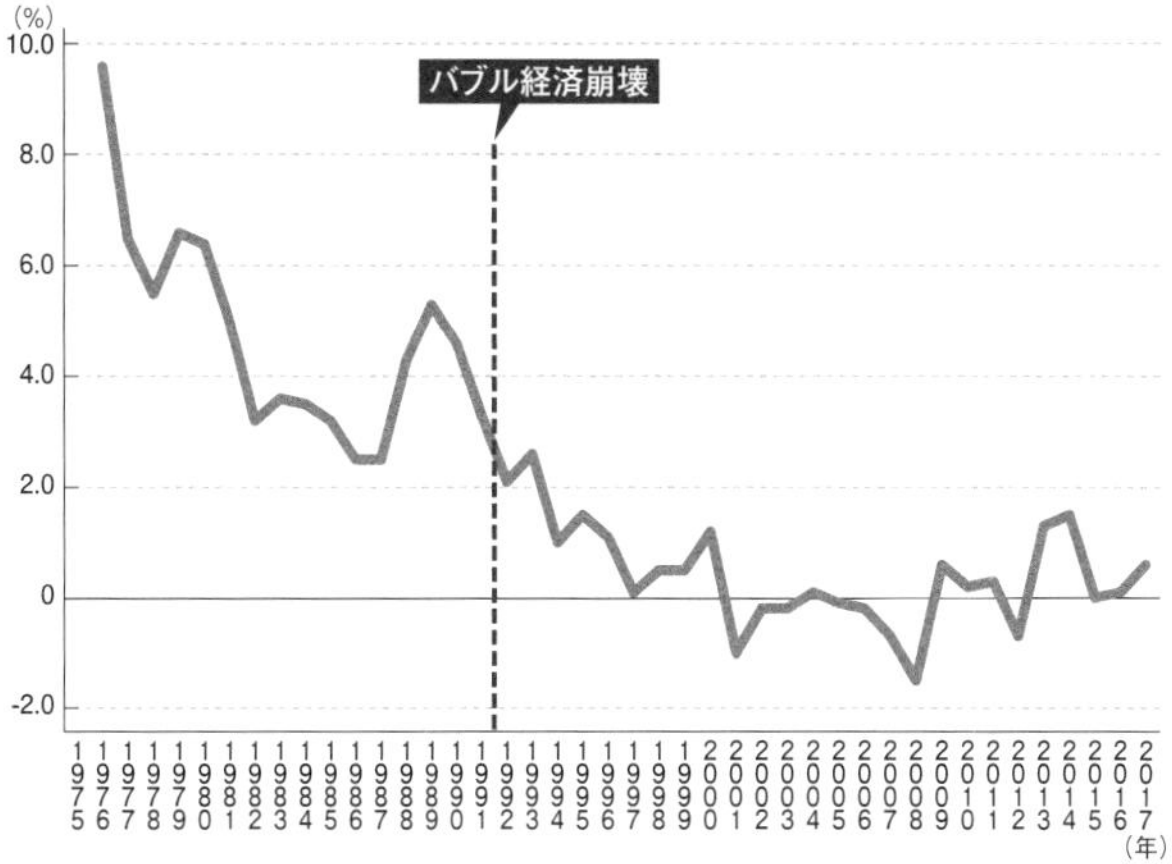

出所：厚生労働省 賃金構造基本統計調査のデータに基づき、筆者作成

報いてくれる成長と成功の場でした。しかし、バブル経済崩壊後の企業は、社員が頑張っても報われない疲弊の場に変容してしまったのです。社員にサービス残業を強いる企業も多くなりました。この変容は、社員の企業に対する信頼感を大きく毀損する結果となりました。

高度経済成長期・安定経済成長期を経験している社員と、バブル経済崩壊後しか経験していない社員とでは、企業に対する信頼感に雲泥の差があり、後者では企業への従属意識が希薄になっています。バブル経済崩壊後に新卒入社した社員＝従属意識の低い世代は時の流れとともに増え、今では全社員の半分以上を占めます。社員の従属意識が高いことを前提とした人事施策・制度はもはや通用しなくなったと言えます。

さて、２０００年代に入ってしばらくすると、大島耕作さんは海外駐在から日本本社に戻ることになります。不景気にあえぐ会社や組織の状況を、大島さんはどのように見たのでしょう。


管理職として米国に駐在している間、大島さんは異文化での組織マネジメントの難しさに直面しました。夕方には帰宅してしまう現地採用社員を横目に、14時間（サマータイム期間中は13時間）の時差のある本社とのやり取りを含め、昼夜を問わずがむしゃらに働き、駐在期間中に次長格に昇格。そして5年半の米国駐在を終え、２００２年に日本本社に営業部の担当次長として帰任しました。

日本本社に戻ってすぐ、大島さんは部を構成するメンバーの素性が、以前とは様変わりしていることに気付きました。まず部員の年齢構成がかなり高齢化し、平均年齢が40歳以上になっています。組織全体から若々しさが失われてしまいました。１９９０年前後に大量採用した30歳代の総合職社員が数多くいるのに対し、20歳代の総合職はその半分以下です。また、20歳代総合職の半分は女性であり、日ごろの言動、特にセクハラに注意するよう、人事部からお達しが出ています。また、総合職だけでなく、一般事務職の正社員も少なくなり、その代わりに多数の派遣社員が在籍するようになりました。大島さんが若かった頃の営業部と言えば、熱血若手男性総合職とそれをサポートする女性一般事務職の集まりであり、勢いと一体感が売りだったのですが、そのような組織風土は見る影もありません。同僚の管理職が少し強めに指導したことがきっかけで長期休職してしまった若手社員も複数いるようです。

「いったい、うちの会社はどうなっちまったんだ」

久々の同期会で、大島さんは同期の技術課長に愚痴をこぼします。すると、技術課長はあきれ顔で答えるのです。

「何を甘いこと言ってるんだ、大島。営業はまだ恵まれてるんだぞ。技術部なんて、もう技術者が製品設計をしてないんだから。社員は仕様書や報告資料を書くだけで、その後の仕事は外注先に丸投げ。完全に手配師状態だよ。パワーポイントばかりいじってる、パワポ屋さ。今はまだいいけど、10年後20年後にこの会社に技術力が残っているか、怪しいもんだ」

話を横で聞いていた製造部の室長も口を出します。

「製造ラインも今は期間従業員が多いから、オペレーターの出入りが激しくて、やりくりが大変だよ。熟練の正規社員と新米の期間従業員が混在してるんだから。昔は季節従業員って呼ばれて、農家の人が多かっただろ。でも、今の期間従業員は若者と外国人ばかりで、大卒も珍しくないんだぜ。就職活動の時の景気次第で社会人人生が大きく左右されるんだから、たまったもんじゃないよな。その意味じゃ、俺たちはラッキーだったんだよ」

大島さんの同期が嘆いた会社の状況は、当時、多くの日本企業で発生していた事象です。

その大きな原因が、正規社員数の減少と非正規社員数の増加です。**図表5―6**は日本全体の

図表5－6　正規・非正規雇用者数の推移

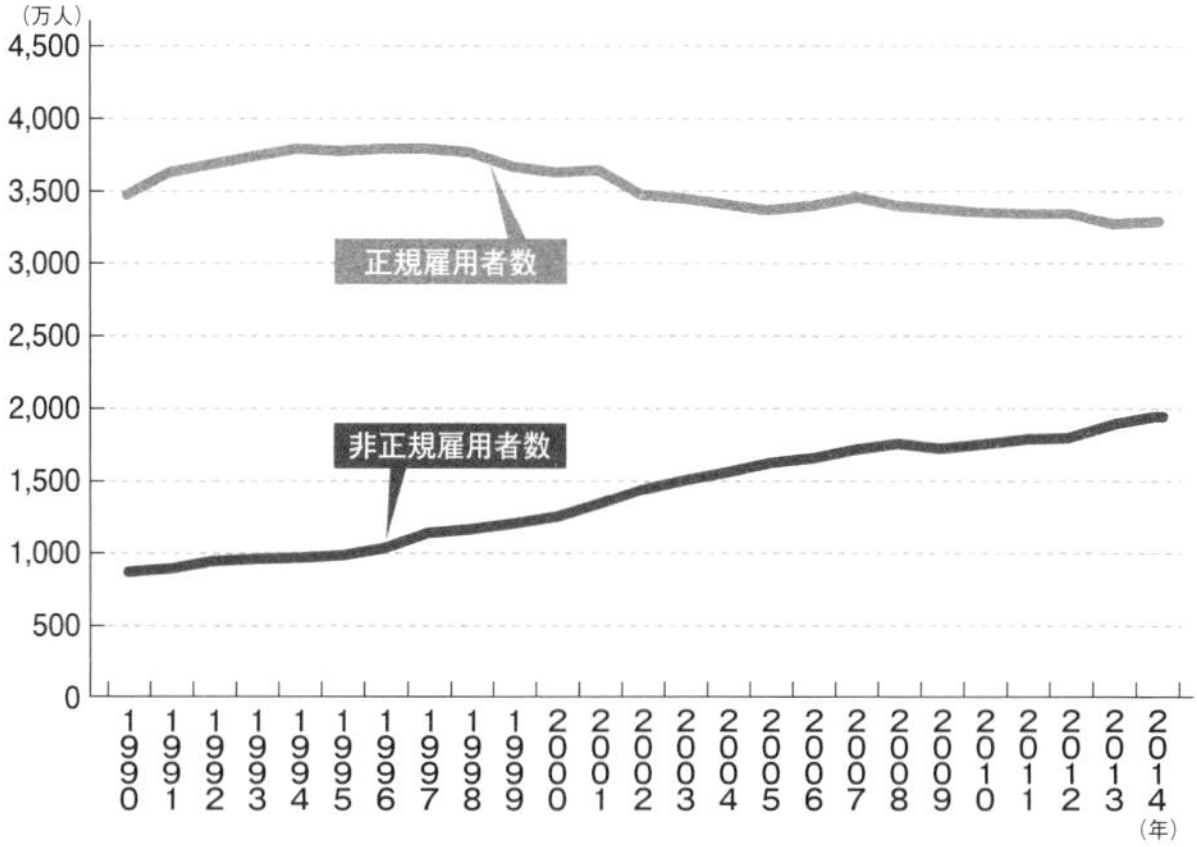

出所：総務省「最近の正規・非正規雇用の特徴（詳細版）」（2015）

正規・非正規社員数の推移を示したグラフですが、正規社員数が頭打ちなのに対し、非正規社員数が右肩上がりである状況が一目瞭然です。

この状況をより分かりやすく、対前年比で推移を図示したのが、**図表5－7**です。正規社員では１９９８年以降、ほとんどの年で数が減少しています。その一方で、非正規社員では１９９５年以降、リーマンショック直後の２００９年を除くすべての年で増加しています。

これらのグラフから透けて見えるのは、労働基準法によって雇用が守られている正規社員の増加は最低限に抑え、雇用庇護の対象外である非正規社員や外注先を最大限活用しよ

図表5－7　正規・非正規雇用者数の対前年比

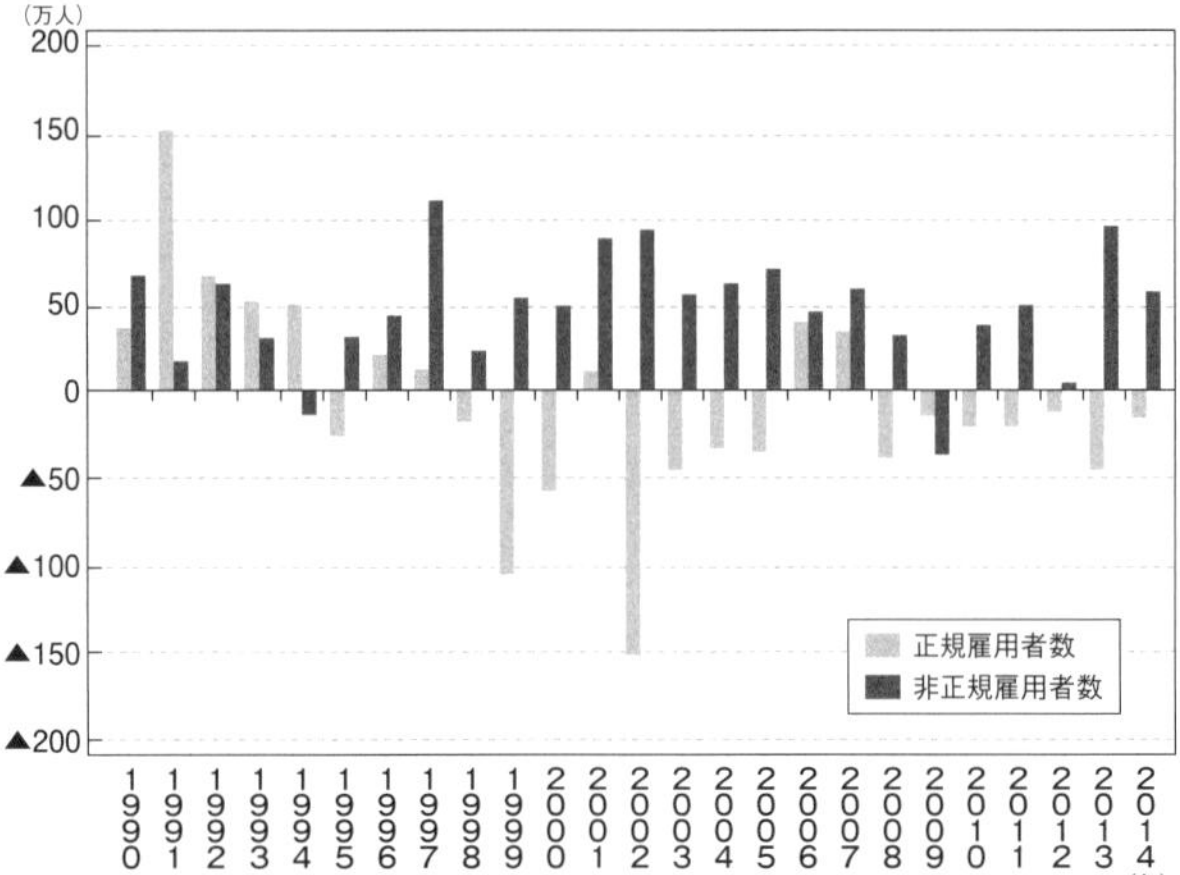

出所：総務省「最近の正規・非正規雇用の特徴（詳細版）」(2015)

うという日本企業の思惑です。

労務コストを抑え、景気変動に強い組織を作る、といった企業経営の視点からは正しい要員管理だったのかもしれません。しかし、この思惑によって戦後の日本経済が前提としてきた就労モデルが崩壊しました。夫が正規社員として働き、妻は専業主婦またはパートとして夫を支える、という就労モデルです。特に新卒就職活動時に就職氷河期であった世代は、フリーターという名の非正規雇用者として一度社会に出てしまうと、正規社員になるチャンスが極端に限られることになりました。世帯主が正規社員ではない家庭が急増し、正規社員の雇用さえ守っていれば、不景気においても最低限の家計は保たれる、という戦後、昭和社会の常識はもはや通用しなくなってしまったのです。

この状況が日本社会全体で大きくクローズアップされたのが、2008年の年末から2009年の年始にかけての「年越し派遣村」でした。その背景にあったのは、リーマンショック後の景気低迷に伴う労働者派遣契約の中途解約、いわゆる派遣切りです。当時、製造業の派遣労働者および請負労働者の数十万人が職を失ったと言われています。

2010年代：中高年社員の悲哀

大島耕作さんの息子の耕一郎君は、2005年に地方国立大学の工学部に進学。学部生のときには就職活動をすることなく、2009年に大学院に進学しました。そして、2010年初めから就職を意識するようになったのですが、リーマンショック後の就職氷河期のため、国立大学の工学部とはいえ、企業からの学校推薦の枠数が数年前の半分以下という状況でした。「リーマンショック前だったら就職で苦労することはなかったのに」と嘆く耕一郎君でしたが、何とか老舗メーカーB社の推薦枠を勝ち取ることができました。

2011年4月に晴れてB社の新入社員となった耕一郎君に対し、3か月間の新入社員研修と現場実習の後、製造部生産技術室への配属が発表されました。大学院では流体力学を研究していたため、関連する製品の開発・設計の仕事を第一志望にしていたのですが、残念ながら希望通りとはいかない配属でした。しかも配属先の部署は極めて体育会的な気質が強く、先輩・後輩の上下関係が厳しいうえ、若手社員のサービス残業が常態化していました。父親の米国赴任に帯同して10歳から16歳までの思春期を海外で過ごした耕一郎君にとって、この職場環境は異常としか感じられず、馴染むことができません。もともと責任感の強かった耕一郎君は、周囲からのプレッシャーと長時間労働に押しつぶされ、半年も経たずにメンタルヘルスの不調に陥り、長い休職期間に入ることになりました。

２０００年代から２０１０年代にかけて、日本全国で精神疾患患者数が急増しました。**図表５—８**の通り、１９９９年には約２０４万人だった患者数が、２０１７年には約４１９万人にまで倍増しています。大きく増えているのはいわゆる「こころの病」と言われている症状であり、特に「気分［感情］障害（躁うつ病を含む）」は3倍近くになっています。また、厚生労働省による平成29年の「労働安全衛生調査（実態調査）」によると、過去１年間（２０１６年11月～２０１７年10月）にメンタルヘルス不調によって連続１か月以上休業した労働者の割合は、事業所規模１０００名以上で０・８％という結果でした。また、退職した労

図表5－8　精神疾患患者数の推移

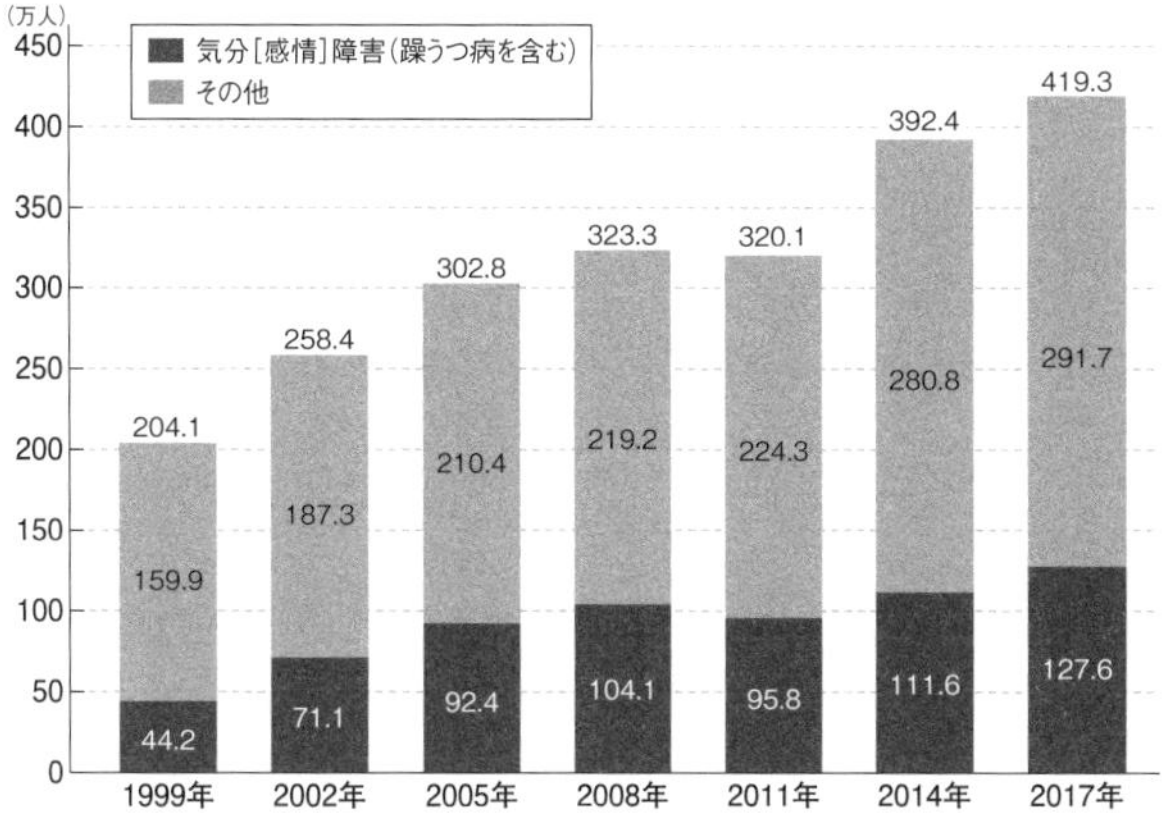

※2011年は宮城県の一部と福島県を除く

出所：厚生労働省「患者調査」（2017）に基づき、筆者作成

働者の割合が０・２％ありますので、これらを併せると１％になり、１００人に１人がメンタルヘルス不調によって長期休業もしくは退職している状況です。

こういった動きを受けて労働安全衛生法が２０１４年に改正され、労働者が50名以上いる事業所では、２０１５年12月から毎年１回以上のストレスチェック実施が義務付けられました。労働者のメンタルヘルス不調を未然に防止することがその主な目的です。

また、２０１４年11月に過労死等防止対策推進法が施行された後、２０１５年４月に「かとく」と呼ばれる過重労働撲滅特別対策班が東京労働局と大阪労働局に設置され、翌年の４月には全国の労働局に過重労働特別監督監理官が配置されました。２０１５年末、大手広告代理店の電通に勤務する新入社員が過労自殺した問題を受け、同社を２０１６年に強制捜査の上、書類送検したのがこの「かとく」です。法令違反の悪質な長時間労働やサービス残業を強いる企業を摘発する動きが日本全国で強化され、そういった企業を「ブラック企業」と呼び、忌避する世論が形成されました。

これらの政策の背景にあるのが、第二次安倍内閣による日本再興戦略（２０１３年策定、２０１４年、２０１５年、２０１６年に改訂）や２０１６年６月に閣議決定されたニッポン一億総活躍プランで謳われた働き方改革です。「同一労働同一賃金の実現など非正規雇用の待遇改善」「長時間労働の是正」「高齢者の就業促進」などがその具体的な内容であり、少子高齢化の進む日本において、労働参加率の向上と生産性の高い働き方への転換が急務とされています。

このように、旧来型の日本企業がパラダイムシフトを迫られる中、大島耕作さんの会社員人生は終盤に差し掛かります。

営業部の担当次長だった大島耕作さんは、その後、第一営業室長に任用されました。しかし、自分が若かった頃の仕事の進め方や成功体験から抜け出せないせいか、室長として成果が出せずにいました。結果、部長格への昇格は見送られ、2013年に55歳を迎えたことを機に役職定年となり、室長職を降りました。

1996年の海外駐在以降、20年近く管理職を担ってきた大島さんにとって、若手社員と同じような実務を担うことは苦痛に他なりません。書類の書き方、システムの入力方法など、自分で手を動かさなければならないことだらけで、何をどうしてよいのか全く分かりません。また、役職定年によって給料も下がったので、新たなことにチャレンジしたり、学び直したりしようとも思えません。

大島さんは、あと5年もすれば60歳。定年後再雇用となり、給料はさらに半減することが見えています。幸い、次男の耕平君は社会人として元気にやっていますが、長男の耕一郎君は休職から復帰することができず、自宅に引きこもったままです。60歳近くになっても一家の大黒柱の役割を求められる大島さんは、給料が下がっても会社にしがみつくしかありません。最近では8050問題も他人事とは思えなくなってきました。会社のために色々なことを犠牲にして30年以上頑張ってきた大島さんですが、「俺の人生、本当にこれでよかったのかな」と自問自答する日々が続きます。

ここまで、架空の人物である大島耕作さんの社会人人生を通して、日本企業における人材マネジメントの変遷を紹介してきました。１９５０年代から１９８０年代にかけての戦後、昭和時代に定着した会社従属型雇用が、平成を経て令和になってもなお、環境変化に対応しきれずに根強く残っている状況を概観できたと思います。そのおさらいも含め、会社従属型雇用がどのような要素で構成され、それらが日本経済を更なる衰退に追い込みかねない弊害とどうつながっているのかをまとめたものが、**図表５－９**です。次節以降で細かく確認していきましょう。

会社従属型雇用の真因

多くの日本企業とその社員が呪縛されている会社従属型雇用の根本原因は、「正規社員の長期勤続」にあると私は考えています。日本の労働契約法第16条には「解雇は、客観的に合理的な理由を欠き、社会通念上相当であると認められない場合は、その権利を濫用したものとして、無効とする」と定められており、企業は正規社員を容易に解雇することはできません。社員が就業規則に違反する、傷病により就業不能になる、自己都合で退職する、といっ

図表5－9　会社従属型雇用の全体像

会社従属型雇用の真因と3つの直接的影響

正規社員の長期勤続

- 暗黙的職務付与
- 会社指示の配置とジョブローテーション
- 自社独自の価値観に基づく仲間意識

↓

会社従属型雇用を構成する7つの要素

①擦り合わせ前提の職務範囲・プロセス

②長時間労働を助長する組織風土

③新卒一括採用重視の人材確保

④標準生計費を意識した年齢別モデル賃金

⑤職能軸の社員格付け

⑥相対人事評価と年次昇格管理

⑦OJT重視の人材育成と階層別研修による補完

↓

日本経済を衰退させる4つの弊害

- 生産性の低い働き方
- 職務価値と乖離した報酬水準
- 正規・非正規社員間の不平等な処遇
- 会社依存のキャリア形成

出所：筆者作成

た状況にならない限り、どのような社員であっても企業は雇用を継続する必要があります。従って日本企業は、正規社員の定年退職年齢までの長期勤続を前提とする人材マネジメントを否応なく組み立てる必要があり、会社組織や仕事の進め方、働き方、組織風土も同じ前提で形づくらなければなりません。その結果が、会社従属型雇用なのです。

そして、この「正規社員の長期勤続」が日本企業に及ぼす直接的な影響として、「暗黙的職務付与」「会社指示の配置とジョブローテーション」「自社独自の価値観に基づく仲間意識」の３つがあげられます。

まず「暗黙的職務付与」についてですが、諸外国では当たり前のジョブディスクリプション（職務記述書）が多くの日本企業においては見当たらないことが、その顕著な例です。社員が長期勤続する前提では、ポジション毎に職務内容を明文化するニーズが生じにくいためでしょう。長い期間、職場同僚の顔ぶれが変わらない状況では、当該職務に詳しい社員が常に組織内に存在するので、わざわざ職務内容を文章にする必要がありません。また、職場のメンバーがジョブローテーションによって他部署に異動したとしても、その後任となる新規配属者の仕事は、同僚と職務範囲をすり合わせれば問題なく進みます。言うなれば、完成したジグソーパズルから１ピースを外し、新たなピースで埋めていくイメージです（**図表５－**

図表5－10　ジグソーパズル的職務付与のイメージ

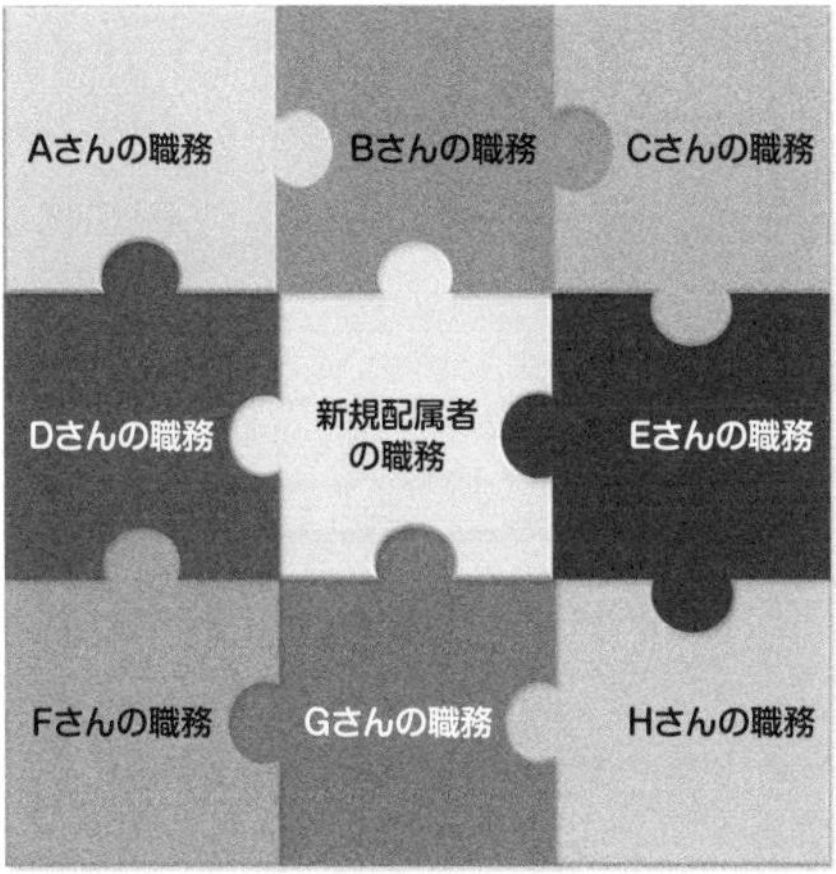

出所：筆者作成

10参照）。

続く「会社指示の配置とジョブローテーション」は、正規社員の長期勤続を前提とする以上、企業にとっては不可避の措置です。仮に、ある企業が主力事業から撤退する経営判断を行ったとしましょう。その事業に従事していた正規社員を容易に解雇できないのであれば、同一企業内の他事業に異動させる他ありません。また、ある職務において社員が満足な成果をあげられなかった場合も同様です。解雇の前に、他の職務で改善のチャンスを与える必要があります。**図表5－11**のイメージの通り、終身雇用とジョブローテーションはバランスをもって成り立つ仕組みです。日本企業の社員は、自らの配置とジョブローテー

図表５−11　終身雇用とジョブローテーションのバランス

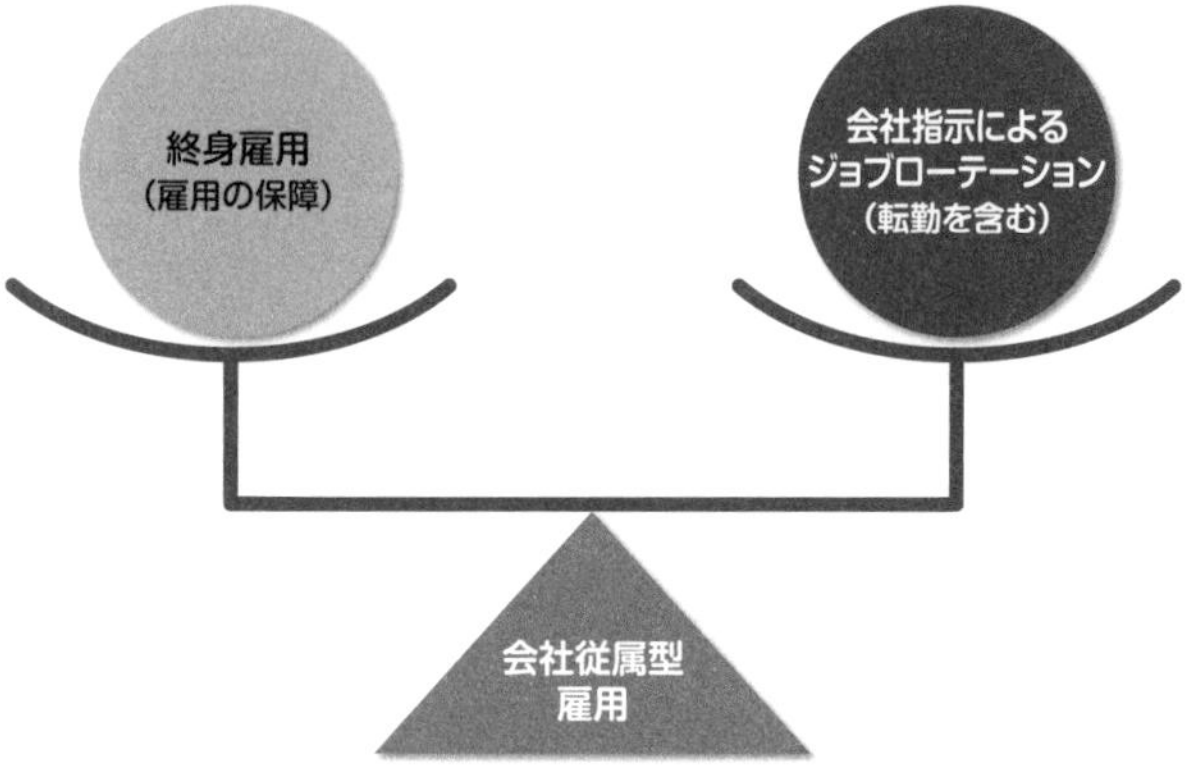

出所：筆者作成

ションの権限を会社に委ねることと引き換えに、終身雇用による雇用の保障というメリットを享受していると認識すべきです。昨今、若い世代を中心に会社指示による転勤を忌避する動きが見られますが、それと同時に雇用の保障も求めているとしたら、社員にとって都合の良過ぎる考え方です。

３つ目の影響である「自社独自の価値観に基づく仲間意識」は、老舗鰻屋の継ぎ足しのタレのようなものです。同じ組織で同じメンバーが長い時間をかけて一つの事業に取り組むことにより、その組織固有の物事の考え方や進め方が目に見えない形で根付いていきます。また、先輩・後輩や同期の関係が定年退職まで続くので、職場における上司・部下だけではない、複雑な人間関係・仲間意識が企業の中で醸成されていくことになります。

会社従属型雇用を構成する7つの要素

図表5—9の通り、正規社員の長期勤続が及ぼす３つの直接的影響が、人材マネジメントにおける７つの事象をもたらし、これらが会社従属型雇用を構成する要素として日本企業で機能しています。それら７つについて簡単に紹介していきましょう。

①擦り合わせ前提の職務範囲・プロセス

「暗黙的職務付与」と「自社独自の価値観に基づく仲間意識」によって、多くの職務プロセスで関係者間の擦り合わせが必要となります。個々のポジションの職務内容が明確ではなく、当事者同士の人間関係、それぞれの社員の能力や繁忙状況によってお互いの役割が変化し得るからです。また、同じポジションであっても、誰がそのポジションを担うかによって職務範囲が広くも狭くもなります。

②長時間労働を助長する組織風土

①の擦り合わせ前提の職務範囲・プロセスと同様に、長時間労働を助長する組織風土も「暗黙的職務付与」と「自社独自の価値観に基づく仲間意識」によって醸成されます。個々のポジションの職務が明文化されていないが故に、仕事の区切り・終わりがはっきりとせず、同僚が忙しい状況にあれば、それを周囲が手伝うことが当然視されます。上司や先輩が残業している場合、それより先に退勤しづらい気持ちになるのは、そのためです。

また、仕事の速いハイパフォーマーに様々な職務が集中することになり、優秀な社員ほど残業が多くなる傾向にあります。そのため、夜遅くまで働いていれば、「頑張っている」とみなされるようになり、能力が高くても残業が少なければ、「頑張っていない」という評価になってしまいます。

③新卒一括採用重視の人材確保

新卒一括採用重視の人材確保は、「暗黙的職務付与」「会社指示の配置とジョブローテーション」「自社独自の価値観に基づく仲間意識」のすべてに起因しています。

まず、社員に職務を暗黙的に付与しているようでは、効果的なキャリア採用は困難です。

優秀な人材をキャリア採用で確保するためには、募集ポジションの職務内容を明確化する必要があるからです。また、キャリア採用人材は募集ポジションに配置することが前提の雇用のため、会社指示でジョブローテーションさせることが難しくなります。そしてキャリア採用人材の多くは、前職の企業の価値観・働き方を身に付けているため、自社のカラーに染め直す必要性も生じます。

一方、新卒一括採用の場合、暗黙的な職務付与を前提とする会社指示の配置とジョブローテーションが自由自在です。何より、新卒採用社員はまだ何色にも染まっていないので、自社のカラーを疑問なく受け入れてくれます。

以上の理由から、日本の大手企業の社員確保は必然的に新卒一括採用がメインとなり、どうしても確保が困難な職務に限ってキャリア採用を行う傾向にあります。多くの日本企業で、キャリア採用が補完的な位置付けに止まっているのはこのためです。

④標準生計費を意識した年齢別モデル賃金

「会社指示の配置とジョブローテーション」を行う前提として、標準生計費を意識した年齢別モデル賃金に紐付く賃金制度が設計される傾向にあります。会社都合によって社員の職務内容を変更し、場合によっては転勤を命じるのであれば、それによって社員とその家族の生活も守らなければならない、という考え方に依拠するものです。

ただしこの考え方は、「夫が正規社員として働き、妻は専業主婦またはパートとして夫を支える」という戦後、昭和時代の就労モデルに基づいており、夫婦共働きは想定されていません。日本全体の生産年齢人口の減少が確実であるにもかかわらず、世帯主１人で家計を支える前提の賃金制度を運用している日本企業が多いのが実態です。

⑤職能軸の社員格付け

職能軸の社員格付けも「会社指示の配置とジョブローテーション」を前提とした仕組みです。会社指示によって社員を臨機応変に異動させるには、異動の都度、当該社員の処遇が大きく変わってしまうようでは不都合だからです。職能＝どの職務にも共通する遂行能力を軸に社員を格付けすれば、社員が担う職務が変わっても、格付けが見直されることはないため、異動の調整が容易になります。企業内における頻繁なジョブローテーションと職能軸の社員格付けは、表裏一体と言ってよいでしょう。

⑥相対人事評価と年次昇格管理

社員の人事評価の方法には、絶対評価と相対評価の２種類があります。絶対評価は結果測定可能な何らかの目標に対し、その達成度を絶対値で評価する方法です。一方の相対評価は被評価者の母集団内における他者との相対的な比較で評価する方法です。社員にとっては絶対評価で評価された方が納得感も高くなるのですが、「暗黙的職務付与」「会社指示の配置とジョブローテーション」を行っている状況においては、前提となる結果測定可能な目標を公正に設定することが困難になります。そのため、多くの日本企業では相対評価で社員を人事評価する傾向にあります。

また、相対人事評価に紐付く特徴として入社年次に応じた昇格管理があげられます。③新卒一括採用重視の人材確保、④標準生計費を意識した年齢別モデル賃金、⑤職能軸の社員格付けを前提に、新卒入社年次に基づいて社員を第一選抜（新卒入社同期の２割が３年で昇格）・第二選抜（同期の次の３割が４年で昇格）といったように区分し、年次で昇格管理を行うことが、大手の日本企業では一般的です。同期入社の社員数に応じ、その割合から昇格枠数を設定する年次昇格管理は、相対評価に他なりません。

⑦ＯＪＴ重視の人材育成と階層別研修による補完

「自社独自の価値観に基づく仲間意識」は自社独自であるがゆえに、社外教育機関や読書などの独学を通じて汎用的に身に付けることが困難です。また、内容の形式知化も難しいため、必然的に職務遂行を通じたＯＪＴによる経験学習が、習得の有効な手段になります。

また、③新卒一括採用重視の人材確保、⑤職能軸の社員格付け、⑥相対人事評価と年次昇格管理を前提とする人材マネジメントにおいては、社員を階層別に括り、ＯＪＴの前置きとして必要な知識・能力や役割認識を新入社員研修や新任課長格研修などで一括して補完的に習得させることが効率的です。

会社従属型雇用の４つの弊害

会社従属型雇用を構成する7つの要素は、高度経済成長期および安定経済成長期の日本企業では有効に機能したものばかりです。しかし、バブル経済崩壊以降においては、これら7つの要素がもたらす有効性よりも弊害の方がはるかに大きくなっており、その弊害は「生産性の低い働き方」「職務価値と乖離した報酬水準」「正規・非正規社員間の不平等な処遇」「会社依存のキャリア形成」の大きく4つに区分されます。

まず、「生産性の低い働き方」ですが、これは主に①擦り合わせ前提の職務範囲・プロセス、②長時間労働を助長する組織風土によってもたらされます。円滑な職務遂行のためには関係者の擦り合わせが必要です。そのコミュニケーションコストが高く、また無駄の多い長時間労働と相まって、アウトプットに対する投入インプットが大きくなり過ぎてしまいがちです。また、顧客からの期待品質が、実際に支払われる対価に比して高過ぎることも日本固有の事情として影響しているでしょう。もちろん、品質レベルの高い丁寧な仕事ぶりは日本企業の強みではあるのですが、今後、生産年齢人口が縮小していく中では、生産性を高めなければその強みを維持することもできません。

２つ目の「職務価値と乖離した報酬水準」は、④標準生計費を意識した年齢別モデル賃金、⑤職能軸の社員格付け、⑥相対人事評価と年次昇格管理によって、弊害が顕在化します。簡単に言いますと、正規社員の担う職務価値が大きくならなくとも、標準生計費のアップに応じて毎年昇給し、一定年数を経れば昇格昇給するため、報酬水準が職務価値を大きく上回ってしまうのです。特に影響力が大きいのが⑤職能軸の社員格付けです。「一度習得した能力は失われることはない」「職務遂行に必要な能力は陳腐化することはない」という前提の格付けであるため、社員の不祥事を除けば降格になることはほとんどなく、ジョブローテーションや職務見直しに応じた減給もありません。従って、正規社員の報酬は一度上がってしまうと、どんなに簡単な職務に就くことになっても、その価値に応じた資格や報酬に下げることができないという不可逆的な運用にならざるを得ません。

その一方で、逆に年齢が若い社員については、どんなに職務価値の高い職務を担っていても報酬水準は低くなります。従って、ＡＩに代表されるような専門性の高い分野の若手人材については、思い切った報酬額を提示できる外資系企業に対し、日本企業は採用力という意味で劣後してしまいます。

この「職務価値と乖離した報酬水準」に紐付いて生じる弊害が３つ目の「正規・非正規社員間の不平等な処遇」です。これは同一労働・非同一賃金と言い換えることもでき、③新卒一括採用重視の人材確保と④標準生計費を意識した年齢別モデル賃金によって生じます。標準生計費を意識した賃金制度が適用されるのは会社従属型雇用の正規社員に限られており、企業への正規社員としての入社の道が新卒時、および他企業に新卒入社した後の転職にほぼ限られているためです。また、入社年次による昇格管理を厳密に運用している場合、職務経歴に空白期間があるなど、最終学歴後に正規社員として継続的に就労していなかった人材を処遇することが困難になります。

そして最後の弊害は「会社依存のキャリア形成」です。新卒として採用されて以降、会社指示の配置とジョブローテーションに従い、自社でしか通用しない仕事の進め方・人間関係をＯＪＴによって暗黙的に身に付けているだけでは、社内で通用する職能資格は昇格していっても、労働市場において競争力のあるキャリアを築き上げることはできません。

ＯＪＴのTはTraining（トレーニング）のＴであり、教師役が生徒に訓練する手法であることが明示されています。年上の上司や先輩が、経験の少ない若手に対して現場で「教える」という前提なのです。これは、事業の将来性が常に従来からの延長線上にあり、ＰＤＣＡ（Plan＝計画　Do＝実行　Check＝評価　Action＝改善）サイクルを回して経験工学的な弛《たゆ》まぬ改善を続ければ、想定通りの事業成長が約束されていた時代の価値観です。やや手垢のついた言葉ですが、ＶＵＣＡ（Volatility＝変動性、Uncertainty＝不確実性、Complexity＝複雑性、Ambiguity＝曖昧性）の時代においては、どの年代の社員であっても、自ら新しいことを常に自律的に学んでもらう必要があります。それは従来からの知識・能力・スキルがいつなんどき陳腐化してしまうか分からないからです。しかし、社員がキャリア形成を会社に依存するようになると、自らのエンプロイアビリティを高めようと自律的に新しいことを学ぶ努力・姿勢が失われてしまいます。一度そうなってしまったが最後、定年退職までの長きに亘って人的不良債権であり続けるため、企業の競争力に大きな悪影響を及ぼします。

また、多くの日本企業で運用されている職能資格制度が導入されたのは、定年退職年齢が55歳の時代でした。その資格数は８つ前後であることが多く、大卒の場合、22歳で新入社員として入社し、順調にいけば50歳手前まで資格の階段を７回昇る、つまり４年に１度昇格する前提で制度が設計されていました。しかし、定年退職年齢が60歳に延長され、いまでは65歳、さらには70歳になろうとしています。また、管理職への登用年齢は早まる傾向にあります。そのため、これまでのように社員を４年に１度昇格させるような仕組みでは、資格の数が足りなくなりました。40歳代で昇格が止まった後の10年から20年、昇格に頼らない方法で社員を動機付けする必要があるのですが、職能資格制度でそれは困難です。その結果、やる気を失った中高年社員を量産することにつながっています。

第５章のまとめ：日本経済を衰退させる会社従属型雇用

本章では、世界的に類を見ないガラパゴス的な雇用システムである会社従属型雇用について、その成立の経緯と特徴を架空の人物・大島耕作さんのエピソードに基づいて紹介しました。

また、会社従属型雇用の真因は正規社員の長期勤続にあり、巡り巡って「生産性の低い働き方」「職務価値と乖離した報酬水準」「正規・非正規社員間の不平等な処遇」「会社依存のキャリア形成」という４つの弊害を生じさせていることを確認しました。

バブル経済崩壊から30年近い年月が経過した今、これらの弊害は、個々の企業に止まらない悪影響を日本経済全体に及ぼすようになっています。少子高齢化が進み、生産年齢人口の減少が確実な日本においては、会社従属型雇用を打破しない限り、日本企業各社の成長はもちろん、日本経済全体の復活もないでしょう。

日本企業が会社従属型雇用から脱却するための最も有効な処方箋は、様々な労働関連法による解雇のための要件を緩和することだと考えられます。つまり、会社従属型雇用の原因である「正規社員の長期勤続」を根本から見直し、労働市場を一気に流動化させるという方法です。しかしながら、あまりに過激な処方箋であるために、日本の労働政策がそのように動くことは期待できないでしょう。この前提のもと、日本企業が今後、どのような人材マネジメントを展開していくべきか、次の第６章で論じます。

第6章
「ジョブポートフォリオ・マネジメント」へのシフト

定年延長こそが日本型雇用システム打破のきっかけ

第5章では、日本型雇用システム＝会社従属型雇用を日本企業が継続する限り、企業各社の成長だけでなく、日本経済全体の復活もないという主張を展開しました。しかし、会社従属型雇用は慣性力が極めて強く、バブル崩壊から30年近くが経過した現在もなお、多くの日本企業に根付いています。そして、その大きな理由は、既に会社従属型雇用の渦中にある現役の正規社員にとって、キャリアを会社に一任する代償で得た高水準の処遇が既得権になってしまっているからです。

この状況を打破するためには、何かしらの強い動機が必要です。そして、定年延長こそが最大のきっかけになり得ると私は考えています。なぜならば、60歳までの処遇は既得権として見なされても、60歳以降の定年延長分の処遇は既得ではなく、処遇見直しの余地が大きいからです。まずは定年延長において会社従属型雇用を打破し、その成果を他の世代にも広げていく方法が有効と考えられます。

逆に言えば、定年延長を単に定年退職年齢を引き延ばすだけの、従来からの会社従属型雇用に基づいた「残念な定年延長」にしてしまうと、その時点で定年延長後の処遇が社員にとっての既得権となり、失敗に終わります。定年延長の検討は、今後の人材マネジメントのあ

図表６－１　経営競争力・人材競争力強化のための９つの提言

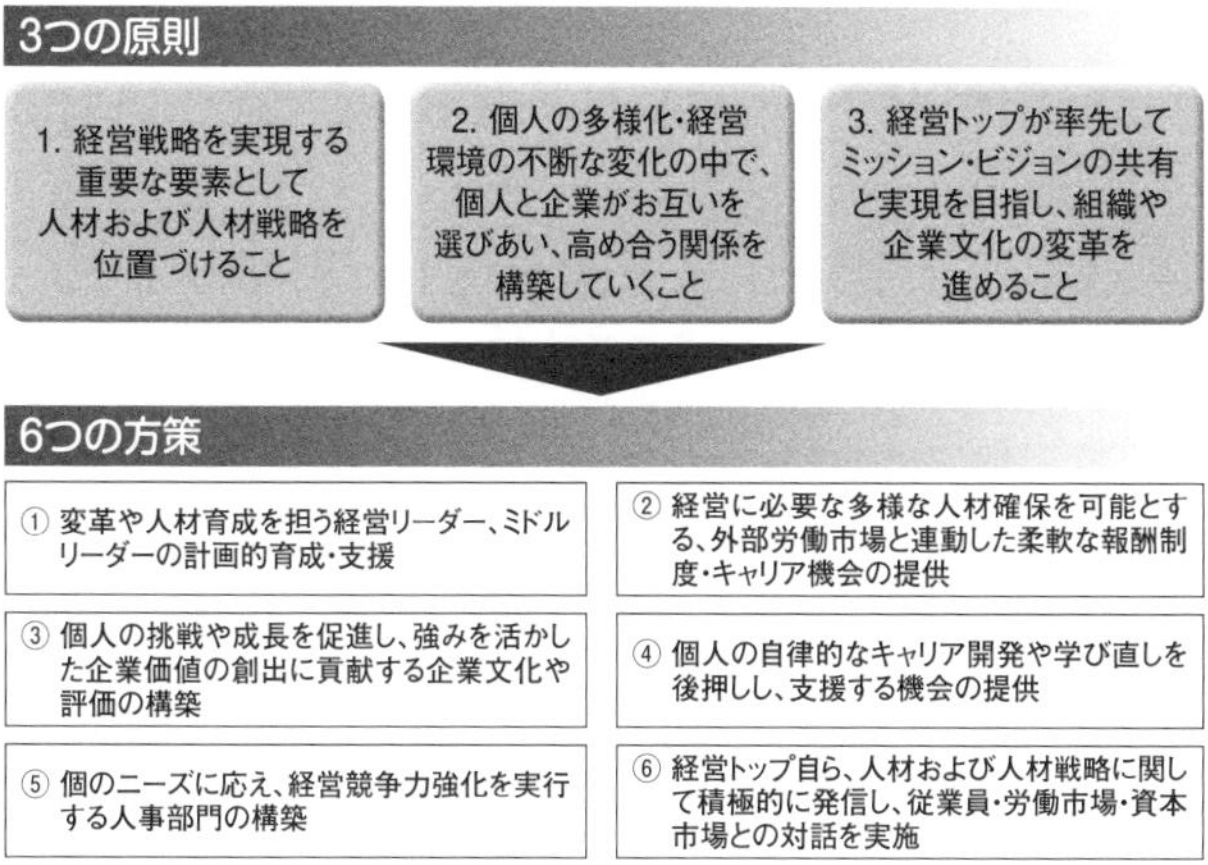

出所：経済産業省「変革の時代における人材競争力強化のための９つの提言」(2019)

り方を見直す絶好のチャンスです。この機会を活かさない手はありません。

　そこで本書の最終章では、今後の日本企業における人材マネジメントのあり方について論じていきます。

経済産業省主催の研究会による提言

　個々の企業の人材マネジメントについて考える前に、まずは官民それぞれの主要団体が日本企業の雇用の行く末についてどう考えているのか、確認しておきましょう。

　まずは経済産業省の動きです。２０１９年1月から3月にかけて経済産業政策局の産業人材政策室が事務局となり、「経営競争力強化に向けた人材マネジメント研究会」が開催されました。この研究会で、グローバル化・デジタル化・少子高齢化を背景とする経営環境の変化に応じた人材マネジメントのあり方について議論した結果が「変革の時代における人材競争力強化のための9つの提言」として資料にまとめられ、〝3つの原則〟と〝6つの方策〟（**図表6—1**参照）が発表されました。

その内容について、まずは3つの原則から見てみましょう。**図表6—1**にある3つの原則の内、特に注目すべきは原則2の「個人の多様化・経営環境の不断な変化の中で、個人と企業がお互いを選びあい、高め合う関係を構築していくこと」です。お互いを選びあい、高め合う関係とある通り、社員が企業に従属するのではなく、社員と企業は対等の関係であるべき旨が示されています。また、提言資料の中ではこの原則に基づいて「今後目指すべき方向性」と「具体的なアクション」として以下の内容が提示されています（傍線は筆者によるもの。以下、同様）。

今後目指すべき方向性

個人のキャリア志向や価値観が多様化する中、企業は各個人に適合した成長機会を提供し、専門性・スキル強化を支援することで、個人の貢献意欲を引き出し、必要な組

織能力を構築

具体的なアクション

①多様な背景の人材を受入れ、成長につなげるための複数の人事制度や、オープンな企業文化を構築する
②組織構成員の自発的な貢献意欲を把握し、強化する施策を導入する
③スキル・経験をもったシニアなど多様な人材を積極活用し、必要な人材確保・組織能力強化を実現する

「今後目指すべき方向性」で私が特に注目したのは、「成長機会を提供」および「専門性・スキル強化を支援」の部分です。原則の本文で社員と企業は対等の関係であるべきと示されていた通り、企業が社員を「育成」する前提になっていないことが着目に値します。キャリア形成はあくまで社員個々人が自律的に取り組むべきものであり、企業は社員に成長機会を提供し、その成長を「支援」すべき、というメッセージと考えてよいでしょう。

また、「具体的なアクション」では、①において、従来のような会社従属型雇用を前提と

する画一的な人事制度だけでなく、多種多様な社員を柔軟に処遇できる複数の人事制度が求められています。また③では、その対象としてシニアが含まれていることが明記されています。単なる同一労働同一賃金に止まらず、社員の立場に応じた複数の人事制度を構築すべきと謳われていることを、重く受け止める必要がありそうです。

続いて、経済産業省主催の研究会による提言が示す〝6つの方策〟を確認しましょう。今後の人材マネジメントのあり方に大きく関係するのは方策2の「経営に必要な多様な人材確保を可能とする、外部労働市場と連動した柔軟な報酬制度・キャリア機会の提供」です。こちらにも同じく「今後目指すべき方向性」と「具体的なアクション」が示されています。

今後目指すべき方向性

多様なキャリア・雇用形態の人材を活用し、様々なニーズを持った人材を処遇できる、外部労働市場と連動した柔軟な報酬制度をはじめとした人事諸制度、多様なキャリア機会を提供

具体的なアクション

①報酬の基本理念を明確にした上で、外部労働市場と連動した説明可能性の高い報酬制度を整備する（外部労働市場との報酬ベンチマーク、柔軟な報酬決定ルールや報酬レンジ設定など）

②事業に必要な人材の確保・育成や個人のニーズに応じた多様なキャリア機会・就業形態（兼業・副業など）や採用ルート（中途・経験者採用、自社への「出戻り」など）を整備・提供する

方策2では、「今後目指すべき方向性」と「具体的なアクション」のいずれにおいても、「外部労働市場と連動した報酬制度」の策定・運用が求められています。これは、企業内部だけでの職務間の処遇公平性ではなく、他社の同一職務の報酬と比しての水準妥当性を重視したものです。また、具体的なアクションの②では多様な就業形態や採用ルートの整備が謳われており、先の内容と併せて、正規・非正規、新卒入社・キャリア入社、専業・兼業に関係なく、同一労働同一賃金を実現すべきであることが示されています。

また、6つの方策の中にもう一つ注目すべき内容があります。それは方策4の「個人の自律的なキャリア開発や学び直しを後押しし、支援する機会の提供」です。方策2と同様に、

「今後目指すべき方向性」と「具体的なアクション」を見ていきましょう。

今後目指すべき方向性

不断な環境変化が不可避な中、働き手のキャリア自立・自律は個人だけでなく経営の競争力強化にも重要と認識した上で、社内のあらゆる人材に対する能力開発機会・キャリア構築支援を実施

具体的なアクション

①働き手個人の専門性強化、自律的なキャリア構築の支援は、人材競争力強化を通じて経営競争力の強化にもつながることを経営層が十分に認識し、人材マネジメントポリシー、育成ポリシーに反映する

②キャリアカウンセリングや自己申告制の積極的活用などを通じ、個人の自律的なキャリア構築を支援する

③兼業・副業や幅の広い教育プログラム提供を通じ、新たな学びの気づきを促す多様な教育機会を整備する

この方策4では、「キャリア構築支援」という表現が繰り返し出てきます。これは、企業が社員を成り行きで育成し、従来からの延長線上で経営戦略を構築・展開すればよかった時代が既に過去のものになり、社員の自律的なキャリア形成が経営戦略の一環として重視されているからであり、以下の考え方に基づいています。

- **企業の経営競争力は、その企業を構成する社員の人材競争力の総和とイコールである**
- **ＶＵＣＡの時代においては、社員の人材競争力を構成する知識・能力・経験はすぐに陳腐化する可能性がある**
- **社員が自律的に「不断の学び直し」を続けなければ、企業の経営競争力は失われる**

また、提言内容の全体を通じて「ＯＪＴ」という言葉が一度も出てこないことも興味深い点です。無論、ＯＪＴを軽視したものではないと思いますが、会社従属型雇用ではＯＪＴの補完に過ぎなかったＯｆｆ‐ＪＴの位置づけが見直され、具体的なアクションの③で「幅の広い教育プログラム提供」の重要性が強調されています。

ここまで、経済産業省による「経営競争力強化に向けた人材マネジメント研究会」の「変革の時代における人材競争力強化のための９つの提言」の内容を紹介しました。この提言には、今後の経営リーダー育成のあり方など、様々な人材マネジメント施策の必要性が示されています。経済産業省のホームページに掲載されていますので、人事に関わる読者には一読をお勧めします。

ジョブ型雇用を経団連が推奨

官民それぞれが日本企業の雇用の行く末についてどう考えているのか、まずは経済産業省による提言を確認しました。続いて民間について、産業界を代表する一般社団法人日本経済団体連合会（以下、経団連）の動きで見ていきましょう。

経団連は２０１６年以降、働き方改革の推進に取り組んでおり、特に、２０１８年以降は「働き方改革 toward Society 5.0」と銘打った活動を展開しています。ここでのポイントは、働き方改革、ではなく、Society 5.0 の部分です。Society 5.0 とは、**図表6―2**の通り、ＩｏＴ・ＡＩ・ロボットなどのデジタル革新と、多様な人々の想像力・創造力をかけ合わせ、世界の様々な課題を解決していく「創造社会」を意味します。経団連は、この創造社会の日本における実現を最重要課題として位置付け、様々な活動を展開しています。働き方改革は

図表6－2　Society 5.0のイメージ

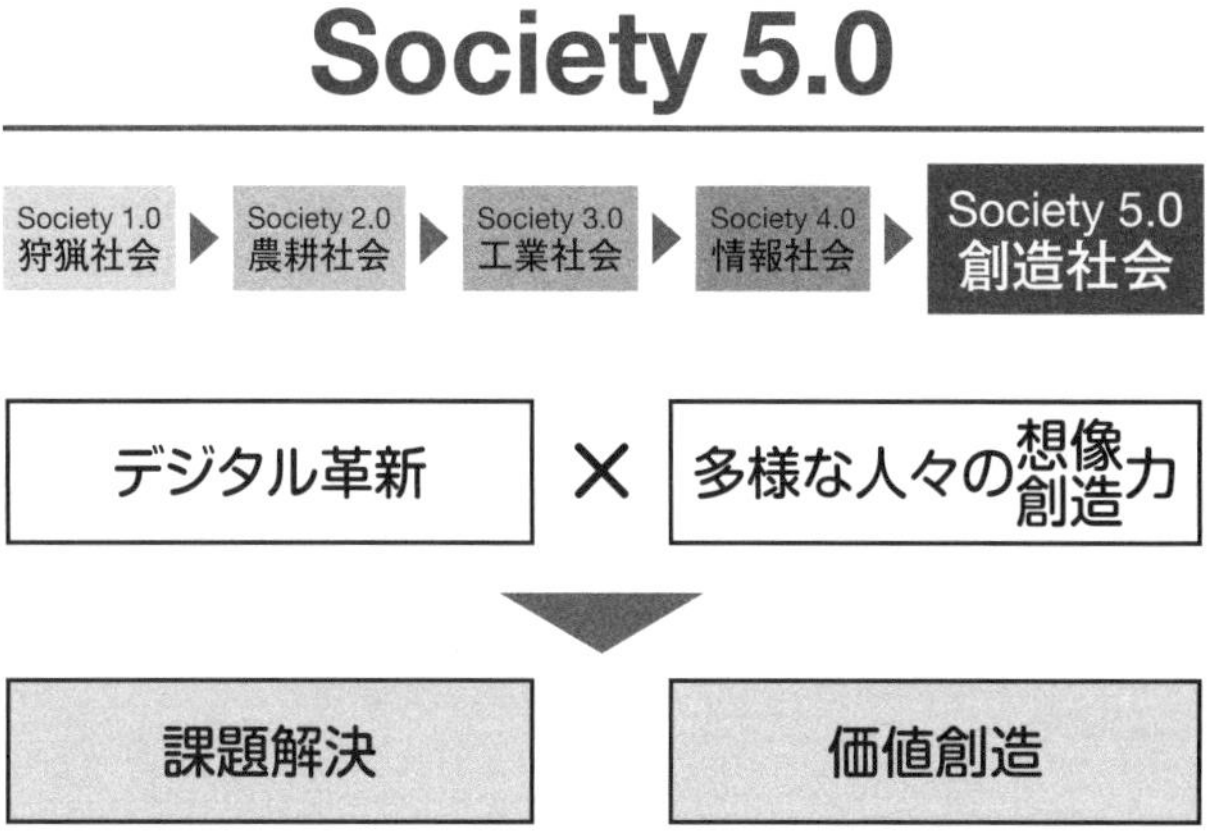

出所：一般社団法人日本経済団体連合会「経営労働政策 特別委員会報告 2019年版」

そういった活動の一環であり、「働き方改革toward Society 5.0」というスローガンは、働き方改革のターゲットが創造社会の実現にあることを示しています。

ここで、経団連による「経営労働政策特別委員会報告」の内容を見てみましょう。経団連が毎年1月に公表しているこの報告は、春季労使交渉（いわゆる春闘）における経営側の指針です。その2019年版で特に重要なのが、第1章「働きがいを高める働き方改革と労働生産性向上」です。**図表6－3**の通り、働き方改革と労働生産性の向上は両輪であり、そのためにはイノベーションを起こすための多様な人材の活用や人材育成の充実が不可欠であることが示されています。一般的に働き

図表6－3　経営労働政策 特別委員会報告 2019年版
第1章 概要

第1章　働きがいを高める働き方改革と労働生産性向上

1　「働き方改革」のさらなる推進

・社員が働きがいを感じながら、仕事に打ち込める職場環境をつくるため、働き方改革をさらに深化させていく必要がある。

・経営トップとミドルマネジメント層による取組みに加え、全社員のコミットメントを高める工夫が求められる。

2　労働生産性の向上とイノベーションの創出

・イノベーションによる付加価値の高い製品・サービスの創出、SDGsを意識した事業活動等を通じ、労働生産性は向上する。

・職場環境の整備、業務プロセスの見直し、社員の能力開発、多様な人材の活躍推進、挑戦する職場風土の醸成が肝要。

3　イノベーションを起こす人材育成のあり方

・生産性向上には人材育成の充実が不可欠。社員が自律的にキャリア形成できるよう、主体性を尊重した支援が重要。

・計画的OJT、個々人に応じたOff-JTのほか、自己啓発の支援、大学等との連携によるリカレント教育の活用が有効となる。

4　ダイバーシティ経営の推進

・女性や若年者、高齢者、障害者、外国人材など、多様な人材が有する知識・経験を活かしてイノベーションを創出し、労働生産性の向上や、競争力の強化を図ることが大切である。

出所：一般社団法人日本経済団体連合会「経営労働政策 特別委員会報告 2019年版」

方改革というと、残業時間の削減や有給休暇取得などの労働時間短縮、つまりインプットの改善に焦点が当てられがちです。しかしこの報告では、インプットの改善の必要性を認めつつも、より重視すべきはイノベーションによる付加価値の高い商品・サービス、すなわちアウトプットの増大であることが謳われています。

　また、２０１９年版の報告でもう一つ注目に値するのは、本編ではなく、TOPICSとして掲載されている「Society 5.0 時代の雇用システムのあり方」というコラムです。このコラムでは、今までのような日本型雇用システムは以下のような問題の原因となっており、Society 5.0 の実現に向けて大きく見直していくことが必要な旨が明記されています。

●多様な価値観や背景を持った国内外の優秀な人材の獲得や早期抜擢ができない
●職業訓練が企業任せとなり本人の自律的な能力開発が進みにくい
●本人の希望する職務・役割と与えられる仕事とのミスマッチがモチベーションを損ない、早期離職の原因となる
●社会全体として人材の流動性が乏しく、外部労働市場が発達しにくいことから、新事業や新産業に必要とされる人的リソースが、それを必要とする企業に集まりにくく、社会

の全体最適化を阻害している

また、コラムの結びには「日本企業は、自社の経営戦略や必要とする人材に応じて、これまでの雇用システムと、ジョブ型の雇用システムを効果的に組み合わせていくなど、中長期的な観点に立って、そのあり方を検討する時機にきているといえよう。」とあり、Society 5.0時代の雇用システムに「ジョブ型」を組み入れるべきであることが経団連によって明示されたことは特筆に値します（ちなみに同報告の２０１８年版ではジョブ型雇用に触れていません）。

２０１９年版の経営労働政策特別委員会報告が公表されて以降、これまでの日本型雇用のあり方を見直す動きが、産業界で目立つようになりました。その顕著な例が、産業界を代表する２人の経営者の発言です。まず、経団連の中西宏明会長が２０１９年５月７日の定例会見にて次のように述べました。

「働き手の就労期間の延長が見込まれる中で、終身雇用を前提に企業運営、事業活動を考えることには限界がきている。外部環境の変化に伴い、就職した時点と同じ事業がずっと継続するとは考えにくい。働き手がこれまで従事していた仕事がなくなるという現実に直面している。」（経団連ホームページより抜粋）

中西会長は欧米でのビジネス経験が豊富であり、以前から日本型雇用システムを疑問視する発言を多くしていました。私自身、中西会長のコメントには注視するようにしてきたので、この日の発言内容にそこまでの驚きはなく、心の中で拍手喝采して受け止めました。

しかし、私にとって意外だったのは、その数日後の５月13日、トヨタ自動車の豊田章男社長が「終身雇用を守っていくのは難しい局面に入ってきた」と日本自動車工業会の記者会見で述べたことです。日本企業の経営者であれば、誰もが口にしたくてもできなかったセリフを日本におけるトップ企業の現役社長が公の場で述べたのは、ちょっとした衝撃でした。

２０１９年を通じ、中西会長は日本型雇用を疑問視する発言を何度かしています。その後、２０２０年１月21日に２０２０年版の経営労働政策特別委員会報告が公表されました。第１章のタイトルは「Society 5.0 時代にふさわしい働き方を目指して」です。**図表6−4**の通り、ジョブ型雇用のメリットを活用すべき旨が明記されています。日本型雇用の見直しに関する論調は、１年前のコラムとしての扱いから、一気に第１章のメインテーマの一つに格上げされました。

また、２０２０年版の報告では「エンゲージメント」という言葉が、「働き手にとって組織目標の達成と自らの成長の方向が一致し、仕事へのやりがい・働きがいを感じる中で、組織

図表6－4　経営労働政策 特別委員会報告 2020年版
第1章 概要

第1章 Society 5.0時代にふさわしい働き方を目指して

1 働き方改革のさらなる深化

・インプットの効率化を軸とする働き方改革（働き方改革フェーズⅠ）を継続しながら、アウトプットの最大化に注力する「働き方改革フェーズⅡ」へ深化させることで、労働生産性は飛躍的に向上する。

・働き方改革フェーズⅡの推進のためには、働き手のエンゲージメントを向上させることが鍵となる。

2 転換期を迎えている日本型雇用システム

・日本型雇用システムには様々なメリットがある一方で、経営環境の変化等に伴い、課題も顕在化してきている。

・企業は、自社の経営戦略の実行にとって最適な「メンバーシップ型」と「ジョブ型」の雇用の組み合わせを検討。メンバーシップ型のメリットを活かしながら、適切な形でジョブ型を組み合わせた「自社型」雇用システムの確立が求められる。

3 Society 5.0時代に活躍する人材の育成

・企業は、自律的なキャリア形成を支援し、社員や組織の意識改革を促すことが重要となる。

・デジタル革新に向けた経営戦略と求められる能力を社員に示した上で、デジタルスキル・リテラシーやリベラルアーツの能力開発を支援する必要がある。

4 地域の中小企業の新たな取組み

・サプライチェーン全体や業界としての取組み、地域の企業共通のプラットフォームの活用など、様々な連携が重要である。

・地域での新たな価値創造など工夫を凝らした取組みを横展開して進める必要がある。

出所：一般社団法人日本経済団体連合会「経営労働政策 特別委員会報告 2020年版」

図表6－5　エンゲージメントを高める施策

ポイント	具体的な取組み
自分の仕事が社会に役立っているという意識の醸成	・社内報でSDGsと自社の事業とのつながりを解説する ・社内研修において「社会課題の解決のために何ができるか」という起点で新たな事業を考える教育を実施する
ダイバーシティ経営の推進	・社長直轄の女性活躍推進プロジェクトを立ち上げ、女性の積極的な採用や働きやすい環境の整備等のポジティブアクションに取り組む ・テレワーク等を活用した柔軟な働き方を推進し、仕事と育児・介護・治療との両立を支援する ・定年を迎えたベテラン社員に、これまで培った経験・ノウハウを活かし、若手社員への技能継承を任せる ・外国人留学生を積極的に採用し、一人ひとりの描くキャリアプランを実現するうえで必要な能力・経験を本人と確認しながらジョブ・ローテーションを行う
社員の職務、能力やニーズに対応した人事・賃金制度の構築	・社員の能力や成果に基づく公正な人事評価制度を整備する ・職務内容や市場価値で報酬を決定するジョブ型の処遇制度を設ける ・年齢に関係なく、能力の高い人材を管理職に登用する制度を設ける
社員の活躍のフィールドを拡大し、成長を促すような職務経験	・社内公募制を設け、成長戦略分野と位置付ける事業で活躍を希望する社員を募集する ・新規事業の開発や新市場の開拓などゼロからビジネスを立ち上げる機会を提供する ・海外拠点に一定期間駐在し、現地スタッフと協力してプロジェクトを遂行し、異文化対応力を高める
テクノロジーの活用	・RPAを導入することで定型業務を自動化し、作業を効率化すると同時に、創出した時間をより付加価値の高い業務に活用する ・AIにより社員の長所・短所を定量的に分析し、上司と部下のコミュニケーションに活用する ・VR機器を用いて実際に発生した事故を疑似体験できるツールを開発し、安全衛生教育に活用する

出所：一般社団法人日本経済団体連合会「経営労働政策 特別委員会報告 2020年版」

や仕事に主体的に貢献する意欲や姿勢」を表す概念として多用されるようになりました。**図表6―5**がエンゲージメントを高める施策として紹介されている内容です。ここでも「職務内容や市場価値で報酬を決定するジョブ型の処遇制度を設ける」「年齢に関係なく、能力の高い人材を管理職に登用する制度を設ける」といった、注目に値する考え方が並んでいます。ただし、経団連は日本型雇用システムを全否定している訳ではなく、以下のようなメリットがあることは認めています。

●日本企業が新卒一括採用によって学生に毎年多くの就職機会を提供していることは、国際的に見て日本の若年者の失業率が低い大きな要因と考えられる
●入社後のＯＪＴを中心とする社内の人材育成施策のもと、異動や転勤を通じて様々な仕事を経験させ、中長期的な視点で自社に適した社員へと育成できる
●様々な職務経験を通じて、多くの社員が多様な職能を備えることができる上、自社の事業活動を多面的に理解し、業務改善や新技術導入への協力が得られやすい
●長期・終身雇用のもとで、年齢や勤続年数の上昇に伴い昇給する年功型賃金により、社員は人生設計を描きやすく、雇用と経済面での安心感となって、社員の高い定着率やロイヤ

リティにつながっている

●多くの企業で導入されている職能給は、職務変更や異動の度に賃金額を改定する必要がなく、様々な職務経験を通じた職能の向上と人材育成を図りやすい

つまり、経団連は日本企業の全社員を対象にすべての制度をジョブ型に移行することまでは想定していません。また、ジョブ型とは言っても、欧米企業のように当該ジョブが不要になった場合であっても、雇用そのものがなくなる（社員を解雇する）ものではないとしています。経団連が2020年版の報告で提言しているのは、従来からの日本的なメンバーシップ型社員とこれからのジョブ型社員を組み合わせ、双方の社員が共に活躍できるような人材マネジメントの実現です。そして、メンバーシップ型とジョブ型の組み合わせのあり方は個々の企業によって異なるとしています。

日本企業に求められているのは、自社の経営戦略に基づいて最適な組み合わせを模索し、「自社型」の雇用システムを確立することです。つまり、自社の雇用のあり方は自社で考えるべき、ということなのです。

図表６－６　日本型・ジョブ型人材マネジメントの比較

		日本型人材マネジメント（＝会社従属型）	ジョブ型人材マネジメント（＝職務請負型）
基本的考え方		組織に配員された社員の能力・属性に応じ、組織全体でカバーすべき職務を暗黙的・流動的に分担	個々のポジションの職務内容を職務記述書によって明示し、その職務を担う社員を配置
採用	手段	全社採用計画数を主に新卒一括採用によって充足し、中途採用によって不足分を補充する	各部門の欠員を主に中途採用によって充足。新卒採用の場合も、インターンシップ等により、知見・適性を見極める
	要件	包括的な能力・姿勢（論理的思考力・コミュニケーション力・志望度等）	個々のポジションの職務を担うために必要な経験・知見・適性
キャリア形成		社員は自らのキャリア形成を会社に委ねる	社員は自らのキャリアを自律的に形成し、自己学習する
配属・異動先		社員は会社内のすべての部署に配属・異動となる可能性がある	配属先を採用時に決定。異動はあまり発生しない
処遇	報酬	社員の能力・属性によって決定されるため、同一職務でも報酬が異なる。担う職務が変わっても、報酬はあまり増減しない	個々の職務の価値によって決定されるため、同一職務であれば同一報酬。職務変更に連動して報酬も増減する
	昇進	空席ポジションの有無にかかわらず、本人の能力向上に応じて昇格	ポジションが空席の場合、最適な社員を登用または社外から採用
	特徴	能力の客観的評価は難しく、年功的な処遇になりがち	処遇から年功的要素はすべて排除される

出所：筆者作成

「ジョブ型」の人材マネジメント

　ここまで、官民それぞれが考える今後の日本企業における雇用の方向性を紹介してきました。どちらにおいても、ジョブ型人材マネジメントの必要性の主張が確認できたと思います。

　ここで改めて、ジョブ型人材マネジメントについて、従来の日本型人材マネジメントと比較する形で内容を整理しておきましょう。ジョブ型とは、言い換えれば「職務請負型」です。従来の日本型＝会社従属型人材マネジメントにおいては、正規社員は会社に従属して制約なき就労にコミットしなければなりません。辞令1枚で世界中のどこにでも転勤する必要があります。一方、ジョブ型＝職務請負型人材マネジメントでは、社員は「会社から特定の職務を請け負う」という対等の関係になります。この2つを比較したのが**図表6－6**です。

　日本型＝会社従属型人材マネジメントでは、正規社員は年功的な処遇を享受でき、安定的な生活が保障されます。その反面、非正規社員の処遇は、正規社員と同一の職務を担っていても低水準に抑えられることになります。一方、ジョブ型＝職務請負型人材マネジメントでは、正規であろうと非正規であろうと、同一職務であれば同等の処遇水準となり、いわゆる同一労働同一賃金が基本原則となります。処遇設定方法から従来の生活給や標準生計費といった考え方が排除されるため、世帯主1人の収入だけでは家族を養えなくなるケースも出てくるでしょう。しかし、世帯主と配偶者、または世帯員のそれぞれが職務に見合った収入を得られれば、生活費の問題は解消できます。さらに、担える職務価値を高めることができれば、より高い水準の収入を得るチャンスが広がります。また、今後の日本の生産年齢人口の減少を考えますと、世帯主1人だけの労働を前提とする日本型=会社従属型人材マネジメントでは、日本全体の労働力不足を助長することになります。

そして、新卒時が就職氷河期だった、育児・介護などの家庭の事情で一時的に就労から離れざるを得なくなったなど、これまでの日本型=会社従属型人材マネジメントではキャリア形成の本流から不本意に外れてしまっていたケースが、ジョブ型=職務請負型人材マネジメントでは、何歳になってもキャリア形成へのリエントリーが可能となります。この「何歳になっても」という点が重要であり、年齢・性別・その他の属性による差別のない処遇を実現することが、ジョブ型=職務請負型人材マネジメントの最大の特徴です。逆に言えば、差別的な処遇が散見されたのが、これまでの日本型=会社従属型人材マネジメントなのです。

ジョブポートフォリオの活用

経済産業省と経団連による提案および報告の双方に共通して言えるのは、ジョブ型の人材マネジメントへと一足飛びに移行するのではなく、従来からの日本型＝会社従属型とジョブ型＝職務請負型の複数の人材マネジメントを組み合わせることによって、多様な人材を処遇し、受け入れられるようにすることです。一方的な経営発想からいけば、多数の問題の元凶である日本型＝会社従属型は全廃したいところです。しかしそれらの問題の要因の多くは労働者にとっての既得権的処遇であるため、人材マネジメントの移行は段階的に進めていくのが現実的と考えられます。

そういった段階的移行の際に有効となるのが、「ジョブポートフォリオ」の設計です。ポートフォリオとは元々「書類を運ぶケース」を指す言葉です。書類を製本せず、持参する先の相手に応じて個々の書類を差し替えることができるという特徴から、「個別ニーズに応じた組み合わせ」という意味合いを持つようになりました。そのため、金融界におけるポートフォリオは投資する金融商品の組み合わせを指し、デザインの世界ではデザイナーの作品集を意味しています。このポートフォリオの考え方を人材マネジメントに適用するのがジョブポートフォリオです。

ジョブポートフォリオの設計においては、自社の経営戦略・事業計画を達成するためにどのようなポジションをどの程度設置する必要があるのか、質と量の両面から明確にします。

図表6－7　簡易的なジョブポートフォリオのイメージ

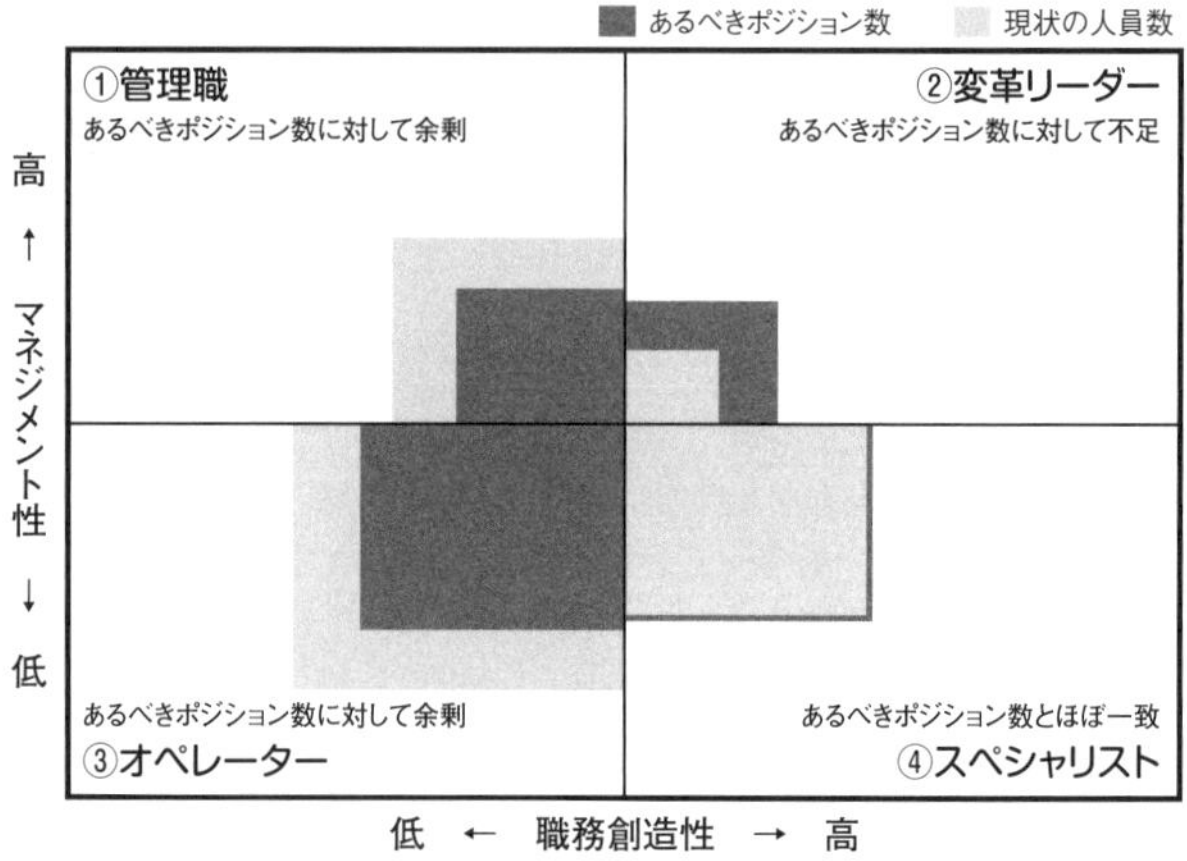

出所：筆者作成

図表6－7はその最も簡易的なイメージであり、縦軸にマネジメント性、横軸に職務創造性を設定することでジョブを4つのセグメントに分け、ポジション数・人員数を面積で示しています。例えば左上のセグメントは「①管理職」であり、ここではあるべきポジション数に対して現状の人員数が余剰の状況にあることが見て取れます。また、右上の「②変革リーダー」では、本来必要な数に対して現状はかなり不足しています。この図はあくまで簡易的な例ですが、こういった形で自社にとって必要なジョブをセグメンテーションし、それぞれのセグメントについてあるべきポジション数の実現に向けた要員計画を立案するのが、ジョブポートフォリオの考え方です。

このジョブポートフォリオという言葉は、雇用ジェロントロジーと同様に本書オリジナルの造語ですが、説明にあたってセグメンテーションという用語を使った通り、その発想はマーケティングに由来しています。生産年齢人口の減少によって人材獲得競争が激化する日本において、また、今後、外部労働市場を意識した人材マネジメントが日本企業に求められる中、自社に必要な人材をタイムリーに確保するためには、人事部門はマーケティング発想の人材マネジメントを仕掛けていく必要があります。その基軸となるのがジョブポートフォリオであり、マーケティングにおけるSTP（セグメンテーション、ターゲティング、ポジショニング）と同様に、セグメンテーション、つまり縦軸と横軸に何を設定してジョブを区分するかが重要になります。

これからの日本企業に求められるジョブポートフォリオ・マネジメント

前節で紹介したジョブポートフォリオを基軸に人材マネジメントを行うのが、ジョブポートフォリオ・マネジメントです。

図表6—8に示したイメージの通り、ジョブポートフォリオ・マネジメントの入り口には、企業の経営方針があります。ここで経営理念・中期事業計画などの具現化に向けたあるべき

図表6－8　ジョブポートフォリオ・マネジメントの全体像

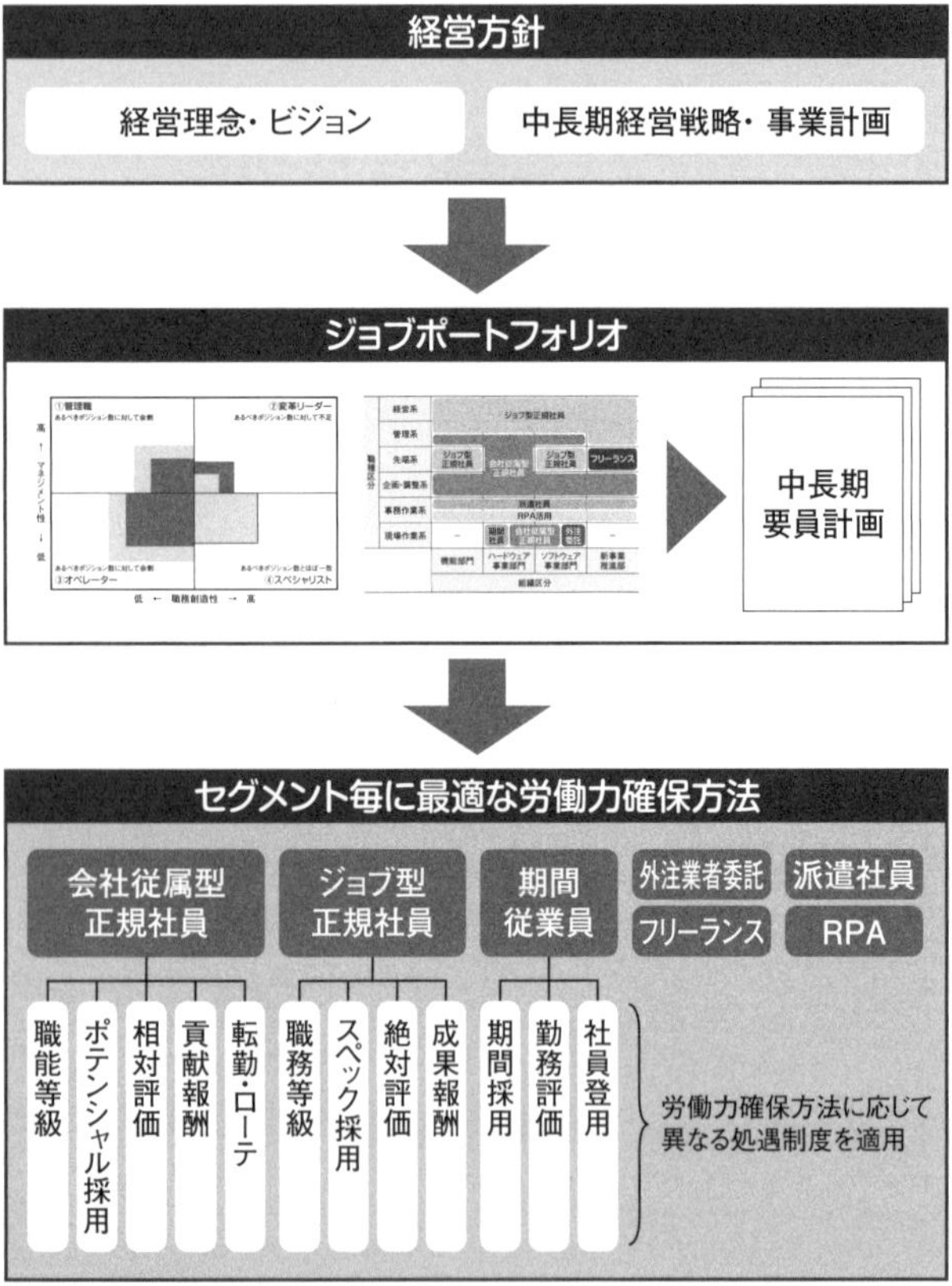

出所：筆者作成

組織像を想定し、その設計に必要なジョブの数々をポートフォリオ図に落とし込みます。前節でも触れましたが、ポートフォリオの縦軸・横軸をどう区分するかが極めて重要です。以下に区分の例を示しますが、意味のあるポートフォリオ設計には、企業の経営方針を正しく深く理解した上で、区分の要素を選択する必要があります。そういった意味では、人事部員だけでジョブポートフォリオを設計するのではなく、中期事業計画などの立案の際に、その当事者を巻き込んで取り組むべきでしょう。

ジョブポートフォリオの区分例

- 組織区分（部署など）
- 事業区分（事業の新旧・発展段階など）
- 地域区分（国・地方・市場エリアなど）
- マネジメント区分（役職・職位など）
- 職種区分（経理・営業・設計・生産など）
- 職務区分（専門性・新規性・創造性など）

図表6－9　セグメントに応じた労働力確保方法のイメージ

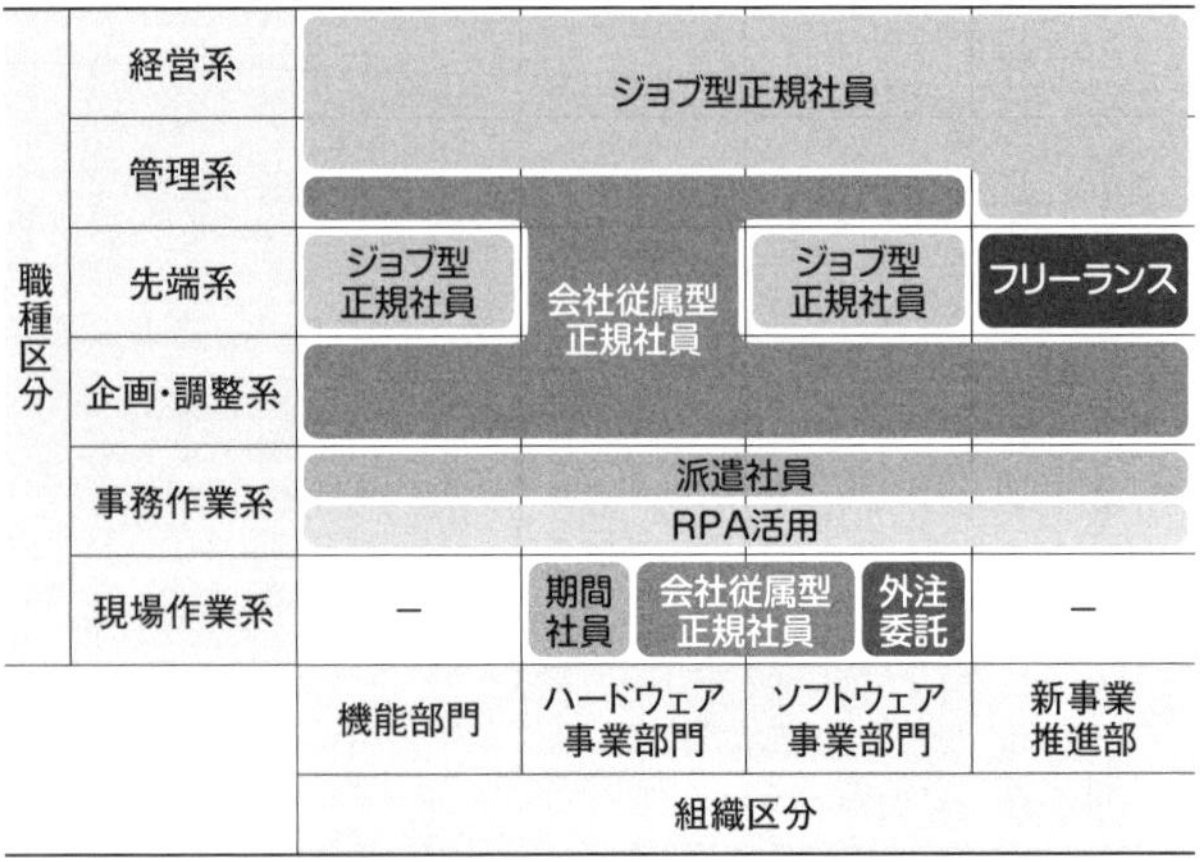

出所：筆者作成

そして、ジョブポートフォリオを設計した後、あるべき組織に必要なジョブ数と現状の人員数を比較の上、中長期の要員計画を立案します。その際に重要なことは、ジョブポートフォリオのセグメントに応じて、労働力をどういった形で確保するかまで明らかにすることです。

例えば、新規事業部門においてデジタルトランスフォーメーション人材（以下、DX人材）が一定数必要であり、社内でのジョブローテーションでは確保できないとしましょう。その場合、DX人材を社外から調達する必要があり、その方法には正規社員の採用だけでなく、外注業者への委託やフリーランス契約なども考えられます。企業によっては社員の採用は人事部門、外注業者や派遣社員の確保は調達部門といったように管轄組織が異なることもありますが、そのような企業では部門を超えた連携が必須となります。

そして、仮にＤＸ人材を正規社員として採用するとしましょう。その場合、市場価値のあるＤＸ人材に自社への入社を動機付けるには、従来からの会社従属型雇用では困難です。ジョブ型雇用によって、既存の正規社員とは全く異なる労働市場連動型の報酬やＤＸ人材が好む柔軟な働き方などを用意する必要があります。

図表６−９はセグメントに応じた労働力確保方法のイメージです。従来の正規社員は、総合職・一般職・技能職などコースの違いこそあれ、全員が会社従属型雇用となる前提でした。これに対し、ジョブポートフォリオ・マネジメントによってジョブ型正規社員およびその他の労働力確保方法を組み合わせ、経営方針（経営理念・ビジョン）の実現に向けて最適化された労働力管理を実現することが、これからの企業のあるべき姿と考えられます。

最重要プロジェクトとしての定年延長

今後、日本企業がその経営方針の具現化に必要な組織体制をタイムリーに構築するためには、従来からの会社従属型雇用を数ある労働力確保方法の１つと位置付け、ジョブ型＝職務請負型雇用を中心とした様々な労働力確保のフル活用が求められます。既に会社従属型正規社員として雇用している人材のジョブ型への移行が難しいのであれば、経営層・管理職層など一定階層以上のポジションの処遇にジョブ型を導入する、あるいは今後の新規正規社員採用をジョブ型中心にすることによって、徐々にあるべき姿に移行することができます。時間はかかりますが、手をこまねいて会社従属型雇用を続けているよりは、よほど有意義です。

そして、本書のメインテーマである定年延長は、このジョブポートフォリオ・マネジメントの一環であり、同時にその第一歩の役割を担います。ここで職務請負型雇用によって社内で生じる課題を整理し、解決しておくことが、今後の人材マネジメントをジョブ型で行っていくための一里塚となります。

逆に言えば、対象人数や影響期間（60歳から65歳までの5年間）が限定された定年延長ですらジョブ型を実現できない企業は、会社従属型雇用から脱却することは難しいでしょう。その結果、会社従属型雇用によってこれまでに仕掛けられてきた様々な時限爆弾が次々と爆発し、企業経営に多大なダメージを与えることになります。

定年延長は、ジョブ型雇用を実現していくための大きなチャンスであり、中長期的かつ大局的な視点から成功に導くことこそが、今後の人事部門が担うべき最大の責務です。これは、一人の人事部員が背負うには重過ぎる荷物であることでしょう。定年延長を最重要プロジェクトと位置付け、人事の各機能が一丸となり、さらに経営層や労働組合、社内関係部署を巻き込んで、取り組んでいく必要があります。

そのプロジェクトの中核メンバーとしての活躍を、読者のあなたに期待しています。

コラム②　ＳＤＧｓとジョブ型人材マネジメント

ＳＤＧｓという言葉をクライアント企業の経営者の方々から伺うことが多くなりました。ＳＤＧｓはSustainable Development Goalsの略であり、日本語では「持続可能な開発目標」と訳されます。２０３０年を年限とする17の国際目標として、２０１５年９月の国連持続可能な開発サミットにおいて全会一致で採択されました。

ＳＤＧｓを構成する17の国際目標のうち、日本企業の人事部門にとって特に重要なのは、ゴール８の「働きがいも　経済成長も」です。最近では、人事部門を統括する役員の方がＳＤＧｓのバッジを上着につけている姿を見ることも、珍しくありません。

そこで読者の皆さんに質問ですが、ＳＤＧｓのゴール８について、英語の原文をしっかり読んだことはありますでしょうか。次の図表にＳＤＧｓのゴール８の英文を一部抜粋しました。

SDGs GOAL8 : Decent Work and Economic Growth

Goal 8. Promote sustained, inclusive and sustainable economic growth, full and productive employment and decent work for all.

8.5 By 2030, achieve full and productive employment and decent work for all women and men, including for young people and persons with disabilities, and equal pay for work of equal value

出所：United Nations『Transforming our world: the 2030 Agenda for Sustainable Development』

日本語での「働きがい」は、原文ではDecent Workと表現されています。このDecent（「適切な」「きちんとした」の意）という単語は、ゴール8の説明の中で数多く出てくる重要ワードです。

また、特に注目していただきたいのは、ターゲットの8・5です。最後の部分をご覧ください。「equal pay for work of equal value」とあります。日本語ではここを「同一労働同一賃金」と訳す場合がほとんどなのですが、私はこの翻訳について、読み手をミスリードする表現になってしまっていると考えています。なぜなら、日本の同一労働同一賃金は、正規社員と非正規社員の処遇を一緒にするという文脈で使われることが多いのですが、ここで言っているequal pay for work of equal value はそんな話ではありません。work of equal value =同じ価値の仕事であれば equal pay ということであり、仕事の価値に応じて報酬水準を決めなさいと言っているのです。これはすなわち、ジョブ型人材マネジメントにしなさいというメッセージにほかなりません。

従って、人事部門の方でSDGsのバッジをつけるからには、「ジョブ型人材マネジメントを実現します」という意思を表明しているということになりますので、その点、ご注意ください。

あとがき

　第5章に、大島耕作さんという架空の人物が登場しました。大島さんは、経理部で培った会計・財務の知見、愛知のカーメーカーに食い込む営業スキル、全社プロジェクトを引っ張るリーダーシップ、米国でのマネジメント経験を有する優秀な人材でした。彼が実在していれば2018年に60歳を迎え、既に定年後再雇用になっているはずです。そんな大島さんが読者のあなたの会社のシニアだとしましょう。彼が周囲から尊敬されるシニアとして、十分に活躍している姿を想像できるでしょうか？

　本書で説明してきました通り、定年延長に伴う人事制度の抜本的な改定、特にジョブ型の導入には、会社だけではなく、社員にも痛みを強いることになる可能性があります。そこで本書の最後の図表として、「痛みの記憶」について紹介します。

　左の2つのグラフは、大腸の内視鏡検査における痛みの強さと検査時間を示したものです。左側の患者Aは8分で検査が終わりました。一方、右側の患者Bは、検査に24分かかりました。痛みのピークは患者Aと同等でしたが、徐々に痛みは弱まっていきました。

　皆さんだったら、どちらの検査を受けたいでしょうか？

ピークエンドの法則

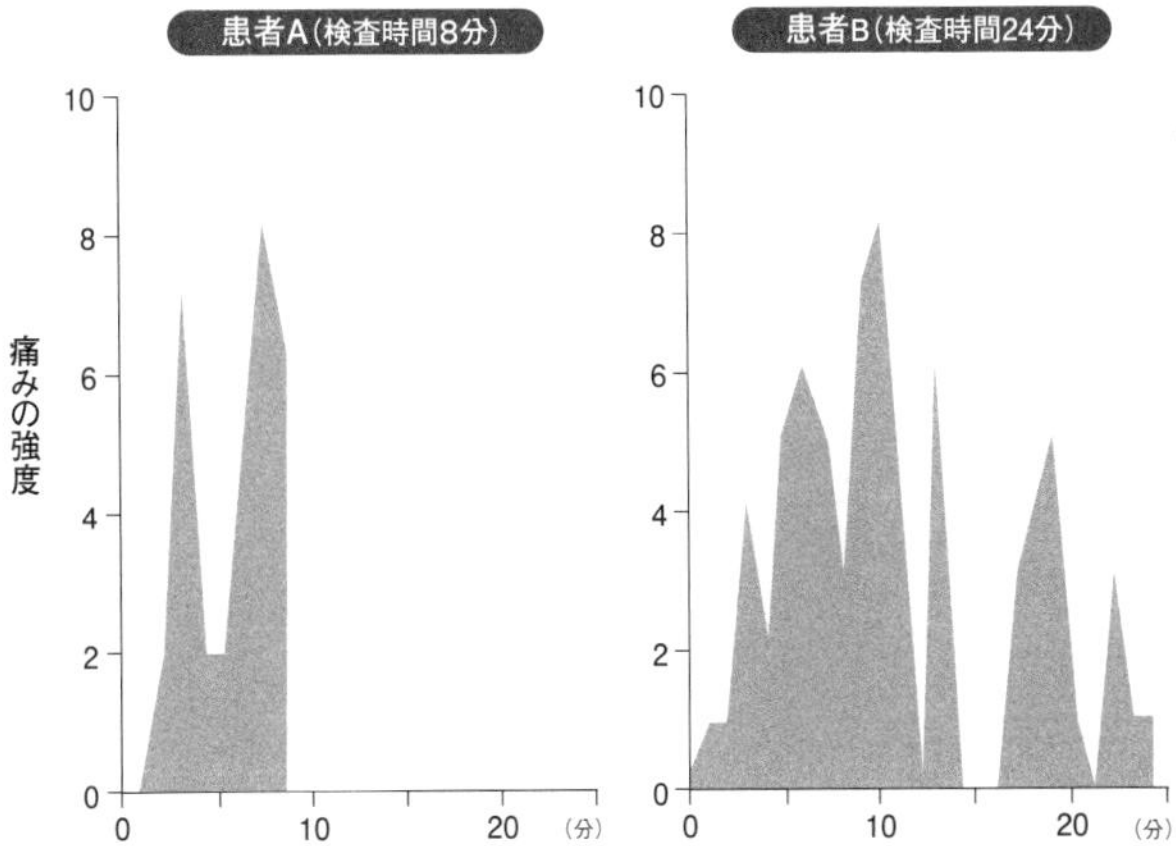

出所：ダニエル・カーネマン『ファスト&スロー（下）』早川書房（2012）

恐らく、多くの方は、左側を選びますよね。痛みの量を面積で比較すれば、どちらの方が辛い時間が少ないか、一目瞭然です。

しかし、この2人の患者に検査の感想を聞くと、患者Aは「とても辛かった」と答え、患者Bは「途中、痛いこともあったけど、そんなに辛くなかった」と答えました。

痛みのピークの強度は同じ、痛みの面積はBの方が遥かに大きいにもかかわらず、Bの方が「そんなに辛くなかった」と答えたのです。

これはピークエンドの法則と呼ばれており、Aのように、最後に強い痛みを与えられると、痛みの記憶が強烈に残るのです。

この状況を、今のシニア雇用にあてはめると、どうでしょうか。

現在の定年後再雇用制度は、長い会社生活の終焉間近のタイミングで給与が大幅に削減され、大した成果も期待されず、昇給の対象からも外され、周囲からは煙たがられ、最後の最後に最も強い痛みを社員に与える仕組みです。最後に痛みを味わった社員は、引退後、会社に対して良い感情を抱かないでしょう。

しかし、早めに痛みを伴う人材マネジメント改革を進めれば、会社生活の最後に社員に痛みを与えるような不幸な状況にはなりません。定年延長は、社員と企業双方にとって健全な人材マネジメントを実現するチャンスです。〝あるべき定年延長〞を検討する際の参考として、本書が皆さんに活用いただけることを心底願っています。

最後に、本書の執筆にあたっては、光文社の草薙麻友子様、永林あや子様より様々なご示唆とアドバイスをいただきました。本書の出版は草薙様、永林様の導きによるものです。この場を借りて厚く御礼申し上げます。

参考書籍（出版年順）

『タテ社会の人間関係―単一社会の理論』中根千枝 講談社 １９６７年

『プロテスタンティズムの倫理と資本主義の精神』マックス・ヴェーバー 岩波書店 １９８９年

『小室直樹の資本主義原論』小室直樹 東洋経済新報社 １９９７年

『日本人のための宗教原論―あなたを宗教はどう助けてくれるのか』小室直樹 徳間書店 ２０００年

『イノベーションのジレンマ―増補改訂版』クレイトン・クリステンセン 翔泳社 ２００１年

『新・日本の経営』ジェームス・C・アベグレン 日本経済新聞社 ２００４年

『「結晶知能」革命―50歳からでも「能力」は伸びる！』佐藤眞一 小学館 ２００６年

『マーケティング・ビッグ・ピクチャー』クリスティ L.ノードハイム ファーストプレス ２００６年

『経験からの学習―プロフェッショナルへの成長プロセス』松尾睦 同文舘出版 ２００６年

『老いてゆくアジア―繁栄の構図が変わるとき』大泉啓一郎 中央公論新社 ２００７年

『新しい労働社会―雇用システムの再構築へ』濱口桂一郎 岩波書店 ２００９年

『職場学習論―仕事の学びを科学する』中原淳 東京大学出版会 ２０１０年

『就活エリートの迷走』豊田義博 筑摩書房 ２０１０年

『超高齢社会の基礎知識』鈴木隆雄 講談社 ２０１２年

『21世紀のキャリア論―想定外変化と専門性細分化深化の時代のキャリア』高橋俊介 東洋経済新報社 ２０１２年

『ファスト&スロー（下）―あなたの意思はどのように決まるか？』ダニエル・カーネマン 早川書房 ２０１２年
『若者と労働―「入社」の仕組みから解きほぐす』濱口桂一郎 中央公論新社 ２０１３年
『老いのこころ―加齢と成熟の発達心理学』佐藤眞一・高山緑・増本康平 有斐閣 ２０１４年
『未来に先回りする思考法』佐藤航陽 ディスカヴァー・トゥエンティワン ２０１５年
『東大がつくった高齢社会の教科書―長寿時代の人生設計と社会創造』東京大学高齢社会総合研究機構編 東京大学出版会 ２０１７年
『ジェロントロジー宣言―「知の再武装」で１００歳人生を生き抜く』寺島実郎 ＮＨＫ出版 ２０１８年
『老いと記憶―加齢で得るもの、失うもの』増本康平 中央公論新社 ２０１８年
『ふたつの日本―「移民国家」の建前と現実』望月優大 講談社 ２０１９年
『日本社会のしくみ―雇用・教育・福祉の歴史社会学』小熊英二 講談社 ２０１９年
『「65歳定年延長」の戦略と実務』三菱ＵＦＪリサーチ&コンサルティング・三菱ＵＦＪ信託銀行編 日本経済新聞出版 ２０２０年

光文社新書

1092

丁寧に考える新型コロナ

岩田健太郎

長期戦が予想される新型コロナ対応。あらゆる項目について「分かったつもり」でなく「本当に分かる」までじっくり解説する。巻末特別対談「西浦博先生に丁寧に聞く」も収録！

978-4-334-04499-2

1093

失敗しない 定年延長

「残念なシニア」をつくらないために

石黒太郎

日本企業に跋扈する「残念なシニア」を放置すると、日本経済が崩壊に向かう――!? 気鋭の人事コンサルタントが、会社もシニア自身も活性化させる「正しい定年延長」を提言する。

978-4-334-04500-5

1094

新型コロナはアートをどう変えるか

宮津大輔

世界のアート市場は、新型コロナウイルスの蔓延によってその姿を一変させた。アートはこれからどう変化するのか――。歴史・社会・経済を通して、アート市場の未来を大胆に予測。

978-4-334-04501-2

1095

室温を2度上げると健康寿命は4歳のびる

笹井恵里子

寒い家に住んでいると早死にする!? 最新の研究結果を元に頻尿、不眠、寝つきの悪さ、高血圧、アレルギーなどを「住環境」で改善させるアイデアを提案する日本人必読の一冊。

978-4-334-04502-9

1096

税金下げろ、規制をなくせ

日本経済復活の処方箋

渡瀬裕哉

日本が不況から脱出できないのは「税金と規制」の問題だ。この国では「増税はやむなし」なのか？ 日本が打つべき手とは？ 俊英の政治アナリストが、私たちに刷り込まれた洗脳を解く！

978-4-334-04503-6

石黒太郎（いしぐろたろう）

1973年生まれ。三菱UFJリサーチ＆コンサルティング株式会社コンサルティング事業本部組織人事戦略部長・プリンシパル。慶應義塾大学法学部政治学科卒業後、1996年、株式会社デンソー入社。以来17年間、人事部門に在籍し、うち約4年半を北米生産法人の人事・総務部門の責任者として海外駐在。その後、事業部門の事業企画管理職を経て、2016年、コンサルタントにキャリアチェンジ。人事の実務および管理職としての国内外での経験、ノウハウ、現場感覚に基づき、顧客目線に立ったサービスを提供している。

失敗《しっぱい》しない定年延長《ていねんえんちょう》

「残念《ざんねん》なシニア」をつくらないために

2020年10月30日初版1刷発行

著　者 ── 石黒太郎
発行者 ── 田邉浩司
装　幀 ── アラン・チャン
印刷所 ── 堀内印刷
製本所 ── ナショナル製本
発行所 ── 株式会社 光文社
東京都文京区音羽1-16-6（〒112-8011）
https://www.kobunsha.com/
電　話 ── 編集部03（5395）8289　書籍販売部03（5395）8116
業務部03（5395）8125
メール ── sinsyo@kobunsha.com

ISBN 978-4-334-04500-5